Invloed beheersen - Duistere geheimen van overtuigingskracht en geestbeheersing

Invloed beheersen - duistere geheimen van overtuigingskracht en geestbeheersing

IJ Nayak

Indië
2023

INHOUD

Taal en denken zijn onlosmakelijk met elkaar verbonden. Plato, een oude Griekse filosoof, suggereerde dat we de werkelijkheid alleen door middel van taal ervaren; Wilhelm von Humboldt beschouwde taal als de basis van het denken; deze ideeën werden geformaliseerd in de Sapir-Whorf-hypothese, die stelt dat de structuur van een taal invloed heeft op hoe sprekers denken; een duidelijk voorbeeld is hoe het aantal woorden dat beschikbaar is voor het onderscheiden van kleuren van invloed is op de manier waarop sprekers kleuren waarnemen - dit concept dat beperkte woorden cognitieve keuzes beperken en kanaliseren is iets dat invloedrijke manipulatoren in hun voordeel gebruiken terwijl ze hen op dit denkpad leiden, is cruciaal en wordt algemeen aanvaard in de loop van de tijd ook door filosofen als Humboldt.

George Orwells Nineteen Eighty-Four was een invloedrijk boek waarin de aandacht werd gevestigd op fascistische bestuursorganen die retorische strategieën gebruiken als onderdeel van hun heerschappij en die met manipulatieve kracht opereren, vergelijkbaar met welke egocentrische narcist of nuchtere sociopaat dan ook. Dit boek wordt nog steeds op Amerikaanse scholen onderwezen en een van de grootste gevolgen ervan was dat het onthulde hoe taalmanipulatie plaatsvindt; specifiek door Nieuwspraak te introduceren als de regeringstaal bij uitstek. Nieuwspraak geeft de machthebbers de mogelijkheid basisconcepten en onze perceptie van de werkelijkheid te veranderen door het taalgebruik te beperken. Mensen die het gebruiken, nemen alleen bepaalde zaken waar, terwijl ze alles wat als ongepast kan worden beschouwd, negeren of niet verwerken. Simpel gezegd definieert Newspeak de werkelijkheid voor zijn burgers door de taal te beperken. In het verlengde hiervan wordt individualiteit bijna onmogelijk wanneer taal de spraakmogelijkheden voor zelfexpressie beperkt - bijvoeglijke naamwoorden worden bijvoorbeeld vereenvoudigd tot ongunstige bijvoeglijke naamwoorden die individuen ervan weerhouden genuanceerde gedachten te uiten over alles wat buiten hun begripsvermogen valt en voorkomen dat genuanceerde gedachten vrijuit kunnen worden geuit. Dit stelt de overheid in staat de werkelijkheid zoals die door haar onderdanen wordt waargenomen, te herkaderen door middel van enge definities die de keuzes die beschikbaar zijn voor zelfexpressie beperken - vergelijkbaar met hoe politieke partijen vaak de spraakopties beperken, waardoor de opties worden beperkt die de werkelijkheid voor alle betrokkenen herkaderen.
Ze gebruiken woorden om gepolariseerd denken te creëren en voegen interpretatielagen toe aan de woorden zelf, zoals seksuele ontmoetingen 'seksmisdaad' noemen. Aan de keerzijde van die medaille staan dwangarbeidskampen die 'vreugdekampen' worden genoemd en die positieve eigenschappen suggereren van wat anders een negatieve ervaring zou moeten zijn — allemaal ontworpen om

gehoorzaamheid te garanderen. Deze tactiek strekt zich ook uit tot overheidsafdelingen die voor dergelijke doeleinden zijn genoemd: het Ministerie van Liefde handhaaft wetten en heft straffen op, terwijl het Ministerie van Vrede oorlog voert, terwijl het Ministerie van Waarheid optreedt als propaganda-arm voor hun respectievelijke afdelingen - waardoor ze geloofwaardigheid krijgen binnen haar gelederen.

Er zijn tal van voorbeelden van overheidsfunctionarissen die herkaderingsstrategieën in hun voordeel gebruiken. Tijdens de Amerikaanse presidentsverkiezingen van 2016 haalde kandidaat Donald Trump de krantenkoppen toen hij 'nepnieuws', een benaming die doorgaans wordt toegepast op sites die valse verhalen via sociale media verspreiden, opnieuw definieerde en in plaats daarvan naar echte reguliere nieuwsbronnen verwees. Het hernoemen van echte nieuwsbronnen tot nepnieuws had zeker een newspeak-connotatie. Wanneer politieke actoren slogans of slogans gebruiken die hun kant verheerlijken of een andere denigreren, maken hun retorische manipulatiepogingen gebruik van propagandatechnieken in een poging de cognitieve keuzes binnen hun publiek te beperken en de cognitieve keuzes die door hun toehoorders beschikbaar worden gesteld, te beperken.

Waar kunnen deze hulpmiddelen voor worden gebruikt in een relatie of op de werkplek? We hebben al voorbeelden gezien in onze serie God, Duivel en Charisma. Retorische keuzes kunnen een antwoord onthullen dat onuitgesproken blijft.

Sociopaten, psychopaten, narcisten en soortgelijke afwijkende persoonlijkheidstypes gebruiken veel taalkundige tactieken om de overhand te krijgen in elke onderhandeling die zij met hun slachtoffers aangaan. Ze zullen proberen hun doelwitten te verwarren, desoriënteren of anderszins te frustreren om zo controle over hen uit te oefenen - een van de gebruikte tactieken is taalmanipulatie - dus het kan de moeite waard zijn om de typische woordkeuzes en retorische kaders van enkele van deze manipulatieve persoonlijkheden uit onze eerdere discussie te bekijken; we zullen ons ook concentreren op hoe deze tactieken zich kunnen uiten in echte situaties waarbij slachtoffers betrokken zijn, terwijl we mogelijke oplossingsstrategieën bespreken wanneer we iemand tegenkomen die vergelijkbaar is met taalmanipulatie tegen een ander slachtoffer - we zullen ons concentreren op het bespreken van hoe dit eruit zou kunnen zien; we zullen in het algemeen bespreken hoe effectief deze tactieken tegen ons, alle betrokken partijen, zouden kunnen werken;
Communicatietechnieken die vaak worden gebruikt in interpersoonlijke relaties kunnen ook in zakelijke situaties worden toegepast.

Begin hier om enkele sleutelzinnen te begrijpen die worden gebruikt door sociopaten – mensen met een emotioneel afstandelijke persoonlijkheid die in staat zijn om op een onpartijdige manier hun eigenbelang na te streven ten koste van anderen, waarbij ze hun tegenstanders vaak beschuldigen van overdreven reageren – wanneer ze situaties met hen bespreken. Zowel sociopaten als psychopaten gebruiken vaak uitdrukkingen als deze om de aandacht af te leiden van een probleem of situatie en de last op het slachtoffer zelf te leggen, waardoor ze denken dat wat hinderlijk was, in de eerste plaats niet zo'n groot probleem was. . Sociopaten gebruiken deze tactiek vaak als een effectief middel om gesprekken snel te beëindigen en de gevoelens van hun doelwitten te ontkrachten. Een alternatieve vorm van ontkrachting houdt in dat je het slachtoffer vertelt dat hij/zij belachelijk is; een andere vorm van afwijzing met een meer impliciet oordeel. Niet alleen heb je het mis of reageer je overdreven; je gedraagt je ook onlogisch - met slechts een paar woorden kan veel worden gezegd!

Psychopaten gebruiken vergelijkbare tactieken, met kleine aanpassingen. Psychopaten kunnen u beschuldigen van 'overanalyseren', een effectieve strategie die wordt gebruikt om situaties snel te destabiliseren. Psychoten zullen vaak proberen hun doelwitten in verwarring te brengen door te suggereren dat ze misschien gek worden of van hun stuk gaan. Als je op deze pogingen reageert, sluiten ze het simpelweg af met de beschuldiging van overanalyse - allemaal bedoeld om je te laten twijfelen of je aannames inderdaad in alles juist waren. Psychotica kunnen zich terugtrekken en u ervan beschuldigen 'drama' te creëren. Nogmaals, deze tactiek dient om de rollen om te draaien. Zelfs als je gevoelens van onrechtvaardigheid gerechtvaardigd zijn, zullen ze deze herformuleren als iets dat niet in overeenstemming is met de werkelijkheid en proberen dit in diskrediet te brengen als onderdeel van de discussie. Psychotica zijn experts in gaslighting, een techniek die steeds vaker voorkomt. Beide voorgaande technieken raken dit onderwerp; maar met volledige gaslighting zal de psychopaat beweren dat ze nooit hebben gezegd wat je weet dat ze zeiden; gegeven het feit dat psychopaten in staat zijn tot complex gedrag, zouden ze dit zelfs met meer succes kunnen volbrengen dan wij allemaal zouden willen!
Het subtiel misleiden van zichzelf en anderen door hen hun valse verklaringen te laten geloven, is vaak genoeg om schokgolven door de slachtoffers te sturen, waardoor ze aan hun eigen zintuigen en misschien zelfs aan hun geestelijke gezondheid gaan twijfelen.

Narcisten zullen uitdrukkingen als 'Ik heb dit nog nooit eerder gevoeld' gebruiken om de connecties tussen henzelf en hun slachtoffers te overdrijven, maar dit tegelijkertijd gebruiken om toekomstige controle en codependente aandacht van hen te verkrijgen. Deze tactiek zorgt er niet alleen voor dat het slachtoffer een goed gevoel over zichzelf krijgt, maar het is slechts een stap in de richting van verdere controle en wederzijdse afhankelijkheid in toekomstige relaties. Narcisten projecteren hun zwakheden vaak op degenen die het dichtst bij hen staan en gebruiken deze tactiek als de dingen niet gaan zoals ze willen. In dit geval kan het betekenen dat ze hun partner ervan beschuldigen paranoïde of controlerend te zijn. Als de zaken niet gaan zoals gepland, gebruiken ze dergelijke beschuldigingen tegen hun partner als hefboom tegen hen – een voorbeeld van projectie. Narcisten hebben de neiging zelf controlerend en paranoïde te zijn; door deze kwaliteiten op anderen te projecteren, kunnen ze zichzelf een beter gevoel geven en tegelijkertijd de partner destabiliseren. Een andere tactiek zou kunnen zijn dat deze manipulator dit probleem nog nooit met iemand anders heeft ervaren; dit helpt bij het herformuleren, zodat alleen jij verantwoordelijk bent.

In elk van de hierboven gepresenteerde voorbeelden kan retorische herformulering ook taal bevatten die dient om uw argument in de ene of andere richting te duwen - woorden als belachelijk, paranoïde en drama kunnen meer gewicht in de schaal leggen dan u zich realiseert. Intellectueel weet je misschien dat het niet waar is, maar beschuldigd worden van het creëren van drama terwijl je in werkelijkheid van streek bent, is moeilijk te bestrijden. Het uitbreiden van deze technieken naar andere scenario's zou effectief moeten blijken. Op het werk kan elke collega of manager met legitieme klachten over een werknemer met een van deze persoonlijkheidsafwijkingen gemakkelijk merken dat zijn klachten worden geherformuleerd als paranoïde of micromanagement, of dat "ik dit werk al jaren doe zonder deze klachten eerder te hebben gehoord", Dit geeft aan dat hun klachten zelf het probleem kunnen zijn.

Dit zijn typische voorbeelden van hoe sociopaten, psychopaten en narcisten taal gebruiken om te manipuleren. Hoewel individuele woorden kunnen verschillen, afhankelijk van wie er aan het woord is.
In elke gegeven situatie laten deze voorbeelden zien hoe krachtige individuen op taal gebaseerde strategieën gebruiken om invloed uit te oefenen op verschillende situaties.
Communicatie is een hulpmiddel
Zoals elk hulpmiddel kan communicatie voor verschillende doeleinden worden gebruikt. Een hamer heeft één hoofddoel: spijkers in muren slaan; het klauwuiteinde heeft een extra functie: spijkers eruit trekken. Deze twee functies van gereedschappen werken hand in hand, waarbij bouwprojecten vaak het hoofddoel zijn waarvoor ze bedoeld zijn. Een hamer kan ook destructief worden gebruikt - ramen breken of tegen iemands hoofd worden gezwaaid als wapen zijn allemaal mogelijke opties - hoewel niet wat oorspronkelijk de bedoeling was, maar de functie ervan is eenvoudigweg veranderd, afhankelijk van wie hem gebruikt.

Sommigen vragen zich misschien af wanneer communicatie overgaat in manipulatie alsof communicatie op een spectrum bestaat. Zo werkt communicatie gewoon niet! Communicatie verandert niet automatisch in manipulatie als iemand te ver in één richting gaat; communicatie dient eerder als een instrument dat probeert te beïnvloeden. Elke effectieve communicatie, vooral formele dialogen, is afhankelijk van retorische instrumenten. Het maakt niet uit hoeveel mensen u inschakelt om de communicatiedoelen te bereiken die u zich heeft gesteld, het gebruik ervan zal u niet op het pad brengen dat u als manipulatoren wordt gezien. Effectieve communicatie met positieve of altruïstische doeleinden is precies dat: effectief. De Grieken begrepen dit en zagen effectief argumenteren als een indicator van de waarheid. Als een verkoper of arts uw wensen respecteert en ernaar handelt, zullen hun argumenten niet neerkomen op manipulatie. Zelfs als ze je overtuigen om een levensreddende operatie te ondergaan, ondanks je angst voor een operatie, zolang hun argumenten daarvoor maar eerlijk naar voren worden gebracht.

Dus als manipulatie niet afhankelijk is van graden, wanneer gaat communicatie dan over in manipulatie? Het antwoord ligt in de motivatie – vergelijkbaar met het gebruik van een hamer als voorbeeld: eenmaal gebruikt met een andere intentie in gedachten wordt het een aanstootgevend stuk gereedschap of wapen. Communicatie werkt op dezelfde manier. Manipulatie vindt niet plaats bij een bepaalde drempel van de gebruikte technieken of de effectiviteit van het gebruik ervan; manipulatie vindt eerder plaats wanneer deze op oneerlijke wijze wordt gebruikt om een agenda te misleiden of te bevorderen die het doel van de communicatie in gevaar brengt. Net zoals communicatie zowel effectief als ineffectief kan zijn, kan manipulatie dat ook zijn. Sommige individuen zijn er eenvoudigweg niet effectief in, terwijl bepaalde doelgroepen bedreven zijn geworden in het herkennen ervan. Als iemand je op straat benadert in een poging om te manipuleren, en hij of zij slaagt er niet in je van het tegendeel te overtuigen, vermijd hem dan eenvoudigweg door weg te lopen; Betekent dit dat ze het niet probeerden? Nee! Waar de oplichter mee bezig was, was geen directe communicatie of eerlijke overreding; hij probeerde eerder te manipuleren, maar faalde jammerlijk. Soms vereist het gebruik van identieke technieken voor overreding of manipulatie slechts het veranderen van één variabele: het motief van de spreker. In andere gevallen kunnen de technieken zelf inherent manipulatief zijn; zoals die we in de vorige paragraaf hebben besproken. Elke vorm van bedrog of manipulatie is inherent manipulatief. Zelfs als je bedoelingen goed waren, zou je zelfs met eerlijke en effectieve tactieken nog steeds op een bepaald niveau betrokken zijn bij manipulatie. Soms heb je misschien een of andere vorm van positief resultaat in gedachten; uw bereidheid om te liegen onthult echter een bijbedoeling. De bereidheid om te misleiden is op zichzelf een bijbedoeling. Dit kan complex worden, dus laten we het simpel houden: als uw motief voor de uitkomst en tactiek positief en eerlijk zijn, kunnen we uw communicatie classificeren als overtuigingskracht. Elke keer dat het uw wens is om uzelf schade toe te brengen of uzelf boven uw doelwit te plaatsen, om op welke manier dan ook te misleiden of oneerlijk te spelen met communicatie, of om oneerlijk te spelen met communicatie, bereikt dit een drempel die als manipulatie kan worden gedefinieerd.

Voordat we bespreken hoe de duistere psychologie tegen je werkt en de methoden die ze gebruiken, is het essentieel dat we eerst precies begrijpen wat deze vorm van psychologie inhoudt. Psychologie, of het begrijpen hoe de menselijke geest functioneert, speelt een essentieel onderdeel van het dagelijks leven – van reclame en financiën, misdaad en religie, zelfs haat tot liefde; en toont daarmee aan waarom het begrijpen van de principes ervan zoveel macht heeft over de menselijke invloed.

Psychologie kan een lastige onderneming zijn, wat verklaart waarom de meeste mensen deze vaardigheid missen. Het is niet nodig om alle verschillende principes te leren; begin gewoon met deze lessen, zodat u een solide basis heeft om op voort te bouwen. Het nauwkeurig lezen van mensen, begrijpen wat hen drijft en hun reacties op onverwachte manieren is essentieel. Zelfs dan kan het volgen van lessen en het lezen van talloze boeken nodig zijn om een volledig begrip te krijgen – afhankelijk van hoe ver je begrip reikt.

Dus waarom is het begrijpen van psychologie en menselijke psychologie zo essentieel? Omdat degenen die meer weten, die macht tegen je kunnen gebruiken.

Hoe wordt de donkere psychologie tegenwoordig gebruikt?

Terwijl sommigen tactieken uit de duistere psychologie gebruiken met de bedoeling hun slachtoffer schade toe te brengen, kunnen anderen deze strategieën gebruiken zonder iemand op een negatieve manier te manipuleren. Sommige van deze strategieën werden voor het eerst gepopulariseerd tijdens de Eerste Wereldoorlog. Onbewust of opzettelijk is onze gereedschapskist op verschillende manieren uitgebreid, zoals:

* Als kind heb je waarschijnlijk gezien hoe volwassenen zich gedroegen, vooral degenen die dicht bij je stonden.

* Als tiener werd je geest verruimd in termen van het begrijpen van gedrag om je heen.

* Je kon zien hoe anderen specifieke tactieken gebruikten en vervolgens met succes toepasten.

* In eerste instantie kan het gebruik van tactieken per ongeluk zijn geweest; maar zodra ze begonnen te werken om uw gewenste doelen te bereiken, zouden ze onderdeel worden van uw opzettelijke strategie.

* Politici, sprekers in het openbaar en verkopers zijn mogelijk in deze tactieken getraind om de gewenste doelen te bereiken.

Duistere psychologische tactieken die dagelijks worden toegepast

* Love Flooding: Love Flooding verwijst naar elke vorm van het overhalen van mensen om aan een verzoek te voldoen dat jij wilt. Als u bijvoorbeeld de hulp van iemand nodig heeft bij het verhuizen van bepaalde spullen in uw huis, kan het overstromen van liefde ervoor zorgen dat hij of zij zich goed voelt als hij of zij helpt, waardoor de kans groter wordt dat hij of zij hieraan zal voldoen. Duistere manipulatoren kunnen liefdesvloed op deze manier gebruiken om hen zich gehecht te laten voelen of acties te ondernemen die ze normaal niet zouden doen.

* Liegen: Liegen kan betrekking hebben op het verstrekken van valse of opgesmukte versies van gebeurtenissen aan uw slachtoffer in een poging om gedaan te krijgen wat u wenst. Bij liegen kan het gaan om het vertellen van slechts een deel van de waarheid of het doen van overdreven beweringen om de gewenste resultaten te bereiken.

* Ontkenning van liefde: een vorm van manipulatie waardoor het slachtoffer zich verloren en verlaten kan voelen door de manipulator, is het achterhouden van genegenheid of liefde totdat je de gewenste resultaten van hem of haar kunt bereiken.

* Terugtrekking: wanneer dit gebeurt, krijgt het slachtoffer de stille behandeling of wordt het vermeden totdat het voldoet aan de behoeften van een andere persoon.

* Keuzes beperken: Een manipulator kan zijn slachtoffer toegang geven tot bepaalde keuzes om hem af te leiden van het maken van keuzes die hij niet wil dat hij maakt.

* Semantische manipulatie: bij deze tactiek gebruikt een manipulator woorden met algemeen begrepen definities om zijn slachtoffer tijdens een gesprek in verwarring te brengen en later te onthullen dat hij iets anders bedoelde toen hij dat woord gebruikte; vaak verandert hierdoor de hele definitie ervan en kan het ervoor zorgen dat het gewenste gesprek vordert, ook al is het slachtoffer misschien voor de gek gehouden.

* Omgekeerde psychologie: Omgekeerde psychologie doet zich voor wanneer je iemand manipuleert om één actie uit te voeren, om hem vervolgens de andere kant op te laten handelen, terwijl je heel goed weet dat de manipulator dat al die tijd al wilde.

Wie zal opzettelijk duistere tactieken gebruiken?

Veel verschillende mensen kunnen tactieken uit de duistere psychologie tegen je gebruiken, waaronder tactieken zoals die hier te vinden zijn. Omdat deze mensen misschien proberen deze duistere tactieken tegen u te gebruiken, is het van cruciaal belang dat u leert hoe u hun benaderingen kunt herkennen en er vanaf kunt blijven. Potentiële bronnen zijn onder meer:

Narcisten: Individuen die een overdreven gevoel van eigenwaarde bezitten, willen vaak dat anderen geloven dat zij ook superieur zijn. Om dit verlangen te bevredigen, kunnen ze overredingstechnieken en duistere psychologische technieken gebruiken om wat zij zien als aanbiddelijke bewondering te verwerven van iedereen met wie ze in contact komen.
* Sociopaten: Sociopaten hebben een indrukwekkend arsenaal aan charmante, intelligente en overtuigende eigenschappen; toch handelen ze alleen op deze manier als dat nodig is om te krijgen wat ze willen. Associativisme betekent dat ze geen emoties hebben om zich schuldig te voelen over het gebruik van duistere psychologische technieken voor persoonlijk gewin – inclusief het creëren van oppervlakkige relaties als dat nodig is.

* Politici: Politici kunnen de duistere psychologie gebruiken om kiezers te beïnvloeden om hen te steunen door hen ervan te overtuigen dat hun standpunt het juiste is.

* Verkopers: niet alle verkopers gebruiken achterbakse tactieken tegen u; degenen die zich toeleggen op het behalen van hun verkoopcijfers kunnen echter duistere overtuigingen gebruiken om mensen te manipuleren en de winst te vergroten.

* Leiders: Duistere psychologische technieken worden al lang door leiders gebruikt om teamleden, ondergeschikten en burgers te manipuleren om aan hun wil te voldoen.

* Egoïstische mensen: Egoïstische mensen kunnen worden gedefinieerd als elk individu dat prioriteit geeft aan zijn eigen behoeften boven de behoeften van iemand anders, zonder rekening te houden met de vraag of dit op welke manier dan ook gevolgen zal hebben voor de mensen om hen heen. Ze zullen zich er geen zorgen over maken anderen de eer te geven waar ere toekomt, zodat zij er zelf van kunnen profiteren; Zolang deze situatie in hun voordeel werkt, maakt het niet uit wie er verliest, maar als iemand uiteindelijk negatief wordt beïnvloed, dan zijn zij dat waarschijnlijk in plaats van iemand anders.

Deze lijst heeft twee belangrijke functies. In de eerste plaats zal het u helpen uw bewustzijn te vergroten van degenen die proberen u te manipuleren om dingen te doen die u niet wilt doen, terwijl het kan helpen bij zelfrealisatie door een oogje in het zeil te houden voor mensen die iets uit u willen halen.
Een van de belangrijkste doelstellingen van dit boek is je uit te rusten tegen de duistere psychologie en jezelf te helpen beschermen.

Mentale manipulatie is een term die vaak wordt gehoord op sociale media en reguliere communicatieplatforms, vaak in verband met grote publieke evenementen, politieke campagnes of reclamestrategieën. De meeste mensen begrijpen waar 'mentale manipulatie' naar verwijst, maar missen mogelijk een grondige kennis van de definitie en reikwijdte ervan.

Mentale manipulatie omvat het vormgeven en manipuleren van de gedachten van iemand anders om hem te beïnvloeden zodat hij doet wat jij wilt. Een manipulator beïnvloedt anderen via bedrieglijke of onethische middelen.

Manipulatie impliceert over het algemeen een zekere mate van geweld tegen de doelen; dat wil zeggen dat manipulatoren zullen proberen hun doelen te dwingen te doen wat ze willen, ondanks tegenstand van de doelen zelf.

Als ik het heb over het hersenspoelen van mensen zoals in films, bedoel ik niet het gebruik van ontvoerings- en hersenspoeltechnieken, zoals vaak wordt afgebeeld. Wat ik bespreek zijn subtiele technieken en strategieën die worden gebruikt om anderen van één ding te overtuigen zonder dat ze zich ervan bewust zijn dat ze worden gecontroleerd.

In feite laten meestermanipulatoren het lijken alsof mensen uit zichzelf handelen en niet door externe provocaties. Toch is er enige kracht betrokken bij manipulatie; televisiestations dwingen je bijvoorbeeld om naar hun programma's en advertenties te kijken om je aan te moedigen producten of diensten van sponsors te kopen.

In dit geval kan dwang echter gemakkelijk worden vermeden:

Schakel eenvoudig van kanaal. Programmeren en adverteren zijn echter zo ontworpen dat u dat niet wilt.

Andere vormen van manipulatie kunnen veel directer zijn. Politieke partijen en kandidaten promoten zichzelf vaak met oproepen tot actie zoals 'stem op de beste kandidaat' en 'stem op die en die als je waarde hecht aan hun toekomst'. Dergelijke openlijke pogingen tot overreding zijn vaak te zien in advertenties voor politieke campagnes.

Daarom richt het eerste deel van dit boek zich op het begrijpen en herkennen van veel voorkomende vormen van manipulatie. Ik heb het niet over een soort geheime kliek die de menselijke geest over de hele planeet probeert te beheersen; in plaats daarvan kunnen getrainde individuen proberen uw mening te beïnvloeden om u achter hun agenda te krijgen.

Als u hun technieken eenmaal begrijpt, kunt u niet alleen uzelf en uw dierbaren beschermen tegen invloeden van buitenaf, maar kunt u wellicht ook uw agenda met succes promoten. Hoewel ik niemand aanmoedig om eropuit te gaan en mensen met wie ze rechtstreeks in contact komen te beïnvloeden met behulp van deze technieken; gebruik deze tactieken liever wanneer dat nodig is om jezelf de voorsprong te geven die je nodig hebt in het leven.

Ontspannen; we staan op het punt een buitengewoon avontuur te beginnen. Dus leun achterover en ga op reis.

Hoofdstuk 3: Waarom en hoe wordt donkere psychologie tegenwoordig gebruikt?

Hoewel veel mensen duistere psychologische tactieken gebruiken met kwade bedoelingen, kun je ze ook gebruiken zonder iemand anders schade te berokkenen. Sommige van deze technieken zijn onbewust of opzettelijk aan onze toolbox toegevoegd vanwege verschillende omstandigheden, waaronder:

Als kind observeerde je het gedrag van volwassenen om je heen en hoe ze met elkaar omgingen.

* Als tiener werden je geest en vermogen om gedrag om je heen te begrijpen aanzienlijk aangescherpt.

* Je kon zien hoe anderen specifieke tactieken gebruikten en met succes implementeerden.

* In eerste instantie kan het gebruik van bepaalde tactieken onbedoeld zijn geweest. Maar zodra ze hun waarde hebben bewezen bij het verkrijgen van wat u verlangde, kunnen ze opzettelijke instrumenten van uw vak worden.

* Politici, sprekers in het openbaar of verkopers leren vaak dit soort technieken om de gewenste doelen te bereiken.

Duistere psychologische tactieken die regelmatig kunnen worden toegepast

* Love Flooding: Love Flooding houdt in dat je vleierij gebruikt om anderen te overtuigen om aan je verzoek te voldoen. Als u bijvoorbeeld wilt dat iemand anders helpt met het verplaatsen van spullen naar uw huis, kan het gebruik van love flooding de kans hierop vergroten en uw werk gemakkelijker maken. Een duistere manipulator zou op deze manier liefdesoverstromingen kunnen gebruiken om invloed uit te oefenen op zijn doelwit.
Zorg ervoor dat ze zich dichtbij hen voelen en moedig ze vervolgens aan om dingen te doen die ze anders misschien niet zouden doen.

* Liegen: Liegen is iemand anders voorzien van valse of verfraaide informatie om te bereiken wat jij wilt dat er gedaan wordt, zoals het vertellen van een gedeeltelijke waarheid of overdrijvingen met als doel om gedaan te krijgen wat hij/zij gedaan wil hebben.

* Ontkenning van liefde: ontkenning van liefde kan verwoestend zijn voor de slachtoffers, omdat ze zich door de manipulator in de steek gelaten voelen. In wezen houdt dit in dat je genegenheid en liefde achterhoudt totdat je hebt bereikt wat je met hen verlangde.

* Terugtrekking: Wanneer deze tactiek op iemand wordt toegepast, kan hij of zij de stille behandeling krijgen of worden vermeden totdat zijn behoeften door anderen zijn vervuld.

* Keuzes beperken: Manipulators kunnen hun slachtoffer een aantal keuzes bieden om hen af te leiden van het maken van keuzes die ze niet goedkeuren.

* Semantische manipulatie: deze tactiek maakt gebruik van woorden waarvan de definities algemeen aanvaard zijn tussen de partijen bij het gesprek; laat het slachtoffer later weten dat ze iets anders bedoelden toen ze het woord in een gesprek gebruikten. Door de definitie ervan te veranderen, verschuift de dialoog vaak op de manier die de manipulator bedoelt, ondanks dat hij iemand misleidt om aan zijn of haar wil toe te geven.

* Omgekeerde psychologie: wanneer iemand wordt opgedragen op één manier te handelen, met de verwachting dat hij of zij in werkelijkheid anders zal reageren, maar dat het allemaal anders zal uitpakken dan de bedoeling van de manipulator. In essentie werkt omgekeerde psychologie precies zoals de naam aangeeft: mensen zich gedragen op de manier die de manipulator wil.

Wie gaat doelbewust schaduwtactieken toepassen?

Er kunnen veel mensen zijn die chantage tegen u gebruiken en die in verschillende aspecten van uw leven kunnen voorkomen, waardoor hun aanwezigheid uiterst gevaarlijk wordt.
Het is absoluut noodzakelijk om te leren hoe je tactieken uit de duistere psychologie kunt vermijden, en enkele voorbeelden van individuen die dergelijke strategieën gebruiken zijn:

*Narcisten: deze individuen hebben vaak een opgeblazen kijk op zichzelf en hebben de behoefte om anderen van deze realiteit te overtuigen. Om hun verlangen te bevredigen om aanbeden en vereerd te worden door iedereen die ze tegenkomen, nemen deze narcisten hun toevlucht tot overredingskracht en duistere psychologische technieken om dit einddoel te bereiken.

* Sociopaten: Sociopaten hebben een sfeer van charme, intelligentie en overtuigingskracht - maar alleen om te krijgen wat ze willen. Omdat ze geen enkele emotie of spijt hebben voor wat ze doen, is het voor hen geen probleem om duistere psychologische technieken te gebruiken – inclusief oppervlakkige relaties – om te bereiken wat ze verlangen.

* Politici: Door gebruik te maken van de duistere psychologie konden politici kiezers overtuigen om op hen te stemmen door hen te overtuigen van de superioriteit van hun standpunt.

* Verkopers: Niet alle verkopers gebruiken achterbakse tactieken tegen u, maar degenen die zich richten op het behalen van hun verkoopcijfers kunnen overredingstechnieken gebruiken om anderen te manipuleren en sneller resultaten te behalen.

* Leiders: Duistere psychologische technieken worden al lang door leiders gebruikt om teamleden, ondergeschikten en burgers te beïnvloeden om te doen wat zij willen.

* Egoïstische mensen: Egoïstische individuen omvatten iedereen die zijn eigen behoeften belangrijker vindt dan die van anderen. Het maakt deze mensen doorgaans niet uit wie er in welke situatie dan ook baat bij heeft, zolang het maar vooral henzelf ten goede komt - als dat betekent dat anderen minder krijgen, is dat prima - maar elke keer dat de ene partij verliest, zullen zij het waarschijnlijk zijn en niet de andere. Deze lijst heeft twee functies. Ten eerste zal het je helpen je meer bewust te worden van degenen die proberen je te manipuleren om dingen te doen die je niet wilt doen; ten tweede kan het helpen bij zelfrealisatie. Eén hoofddoel van dit boek is dat u degenen herkent die iets van u zoeken, zonder rekening te houden met eventuele negatieve gevolgen; op die manier kun je jezelf beschermen tegen duistere psychologie.

Wie controleert ons leven Het is interessant om de lange geschiedenis van manipulatie binnen de samenleving te observeren. Als u meer weet over overreding, kunt u er beter mee omgaan.

Dit hoofdstuk geeft ons een korte inkijk in manipulatie zoals die van toepassing is op het leven en de commercie. Door te begrijpen waar manipulatie kan bestaan en wie u probeert te manipuleren, zullen we een idee krijgen van de prevalentie ervan in ons dagelijks leven en degenen identificeren die ons proberen te manipuleren. Niet iedereen die manipuleert is noodzakelijkerwijs kwaadaardig - soms handelen mensen in strijd met wie ze werkelijk zijn of zelfs zonder het zelf te beseffen! Commerciële ondernemingen gebruiken overredingstechnieken om klanten aan te moedigen hun producten en diensten te kopen. Het onderkennen van dergelijke tactieken zal ons helpen dergelijke tactieken met meer succes te hanteren!

Als individuen geloven we graag dat we verantwoorde keuzes maken in het leven. Helaas hebben we niet altijd de volledige controle – vooral omdat kinderen beïnvloed worden door hun ouders en geen directe zeggenschap hebben over onze opvoeding. Zodra we het onderwijssysteem betreden, worden we nog verder gemanipuleerd. Leraren geven instructie over sociale normen en verwachtingen van ons in de samenleving; later als volwassenen kunnen we zelfs vatbaar worden voor manipulatie door politici die stemmen hopen te winnen voor hun doelen. Velen worden overgehaald om op bepaalde partijen te stemmen op basis van wat zij beloven voor de toekomst, zelfs als zij niet al hun beleid steunen. Dit geeft politici macht over ons leven: hebben wij werkelijk de leiding of worden wij eenvoudigweg overgehaald? Verderop in dit boek zullen we verschillende manipulatieve tactieken onderzoeken, zowel verborgen als openlijk. Eerst en vooral moet u onderkennen wanneer u wordt gemanipuleerd, zodat u dit kunt tegengaan; deskundigen hebben hun visie gegeven op dit soort gedrag onder ons.
Het herkennen van de kunst van manipulatie

Waar moeten we in ons dagelijks leven op onze hoede zijn?

Overtuigende taal De foto's vertellen duizend verhalen; woorden hebben een nog sterkere invloed bij het inspireren van ons, soms tot op het punt van manipulatie. Bent u ooit geïnspireerd geraakt door een redenaar wiens dramatische toespraak u tot actie motiveert? En woorden beïnvloeden ons, zelfs als ze volledig verloren gaan in een geweldig boek; woorden hebben de kracht die ons dwingt iets te geloven, zelfs als onze zintuigen ons iets anders vertellen! Communicatie kan effectief worden gebruikt als een krachtige kracht bij het overtuigen van mensen om dingen te doen die ze anders misschien niet zouden doen.

* Adverteerders en verkopers gebruiken taal om ons ervan te overtuigen dat hun goederen precies zijn wat we nodig hebben, door bijvoorbeeld woorden te gebruiken als:

Betaalbaar; Handig; Plezierig; Tijdbesparend en gegarandeerd tevreden.

Merk op hoe al deze woorden ons doen geloven dat ze vertrouwen hebben in hun product of dienst.

Politici gebruiken vaak taal zoals:

"Wij" - om je uit te nodigen in hun wereld.

Zorg ervoor dat u zich onderdeel voelt van ons team

Deze communicatiestrategieën zijn bedoeld om ons het gevoel te geven dat we erbij horen en dus belangrijk zijn.

Pestkoppen gebruiken zowel woorden als agressief gedrag om hun eigen persoonlijke agenda te verwezenlijken.

Criminele roofdieren zoals psychopaten, sociopaten en narcisten gebruiken overtuigende taal als een manier om controle over een ander individu te krijgen. Er zijn zes theorieën over psychologische manipulatie; De cognitieve bias-theorie werd hierin onderzocht als een mogelijke vorm.

Er zijn verschillende psychologische processen en theorieën met betrekking tot overreding die algemeen erkend zijn, waarvan er één het Cognitive Response Model uit 1968 van Anthony Greenwald is, dat vandaag de dag nog steeds zijn waarde bewijst bij het bepalen van overredingsfactoren en dat ook op grote schaal wordt gebruikt in de reclame.

Greenwald stelt dat wat het succes van overreding bepaalt, niet in woorden ligt, maar meer in gevoelens; emoties zullen een grotere rol spelen dan woorden in hoe gemakkelijk we worden overtuigd.

Interne gedachten omvatten zowel positieve als negatieve aspecten, afhankelijk van iemands persoonlijkheid. Het gaat hier niet om een leerproces, maar meer om de vraag of iemand een boodschap al bekijkt met gunstige of ongunstige cognities (cognities).

Overtuigers moeten vertrouwen op hun expertise om tegenargumenten effectief aan te pakken en te voorkomen dat hun doelwit voldoende tijd heeft om een van deze argumenten te ontwikkelen. Bovendien moet de overtuiger positieve argumenten aanmoedigen om gemakkelijker naar voren te komen, zodat het slagingspercentage wordt vergroot - dit vergroot het "overtuigingseffect".

Overtuigen wordt een grotere uitdaging als het doelwit vooraf is gewaarschuwd voor wat u van plan bent te zeggen; Hierdoor kunnen ze tegenargumenten ontwikkelen als jouw 'boodschap' indruist tegen wat zij momenteel geloven. Onderzoek uitgevoerd door Richard E. Petty in 1977 bewees dit punt: het toonde aan dat studenten die op de hoogte waren van een gebeurtenis minder snel overtuigd waren dan studenten zonder voorafgaande waarschuwing.

2 Wederkerigheid

Een goed onderzochte theorie om onze gevoeligheid voor overreding te helpen verklaren, ligt binnen de Regel van Wederkerigheid, gebaseerd op sociale conventies. Als iemand u een plezier doet of iets goeds voor u doet, is de kans groter dat u zich verplicht voelt om iets terug te doen door de gunst op de een of andere manier terug te geven.

Onbewust kan wederkerigheid ook een rol spelen. Zonder het te beseffen, kunt u ermee instemmen om prestaties te leveren of gunsten te verlenen die iemand u vraagt, omdat hij/zij ooit iets voor u heeft gedaan en zich verplicht voelt; zelfs als hun verzoek u normaal gesproken nee zou doen zeggen.

Bedrijven vertrouwen vaak op deze tactiek wanneer ze proberen de omzet te verhogen. Door gratis monsters of tijdelijke proefversies aan te bieden, hopen bedrijven dat klanten zich verplicht voelen om iets terug te doen en een overeenkomst te kopen of te verlengen.

Wederkerigheid is een bekend psychologisch proces. Het is een adaptief gedrag dat in het verleden onze overlevingskansen zou hebben vergroot; door anderen te helpen vergroot je de kans dat zij jou op een dag ook zullen helpen. Maar wederkerigheid kan ook zijn nadelen hebben: als iemand ons onrecht aandoet, kan ons instinct om wraak te nemen ons ook drijven.

Academisch onderzoek ondersteunt de regel van wederkerigheid krachtig. Burger et al (2009) hebben onderzoek uitgevoerd dat aantoonde hoe deelnemers eerder geneigd zijn om in te stemmen met verzoeken wanneer de verzoeker hen in het verleden een plezier heeft gedaan.

Methoden voor informatiemanipulatie 3

Misleiding is een van de belangrijkste instrumenten in de gereedschapskist van elke manipulator. Het gaat om het verstrekken van onvolledige of misleidende informatie aan hun slachtoffer, om hun manier van denken uit balans te brengen en hen kwetsbaar te maken. Manipulatie omvat ook het gebruik van opzettelijke lichaamstaal als overtuiger en manipulator.

De theorie van McCornack somt vier stelregels op die waarheidsgetrouwe uitspraken definiëren; elke afwijking hiervan zal het bericht opzettelijk misleidend maken. Deze stelregels omvatten:

Hoeveelheid
Hoeveelheid verwijst naar de "hoeveelheid" gepresenteerde informatie. De meesten
van ons streven ernaar om net genoeg gegevens te presenteren, zodat de ontvanger
onze boodschap volledig begrijpt, zonder dat er te veel of te weinig wordt verstrekt; te
weinig kan verwarring veroorzaken; teveel kan overweldigen. Een manipulator zou
echter met die hoeveelheid spelen door bepaalde stukken weg te laten die hij als
irrelevant beschouwt, als dit waarschijnlijk tegen hun argument in zou werken. Deze
praktijk staat bekend als 'liegen door weglating'.

Kwaliteit heeft betrekking op de juistheid van de verstrekte informatie. Het bereiken
van echte communicatie wordt als hoge kwaliteit beschouwd; anders zouden
ontvangers opzettelijke onwaarheden horen – of regelrechte leugens – bedoeld om de
macht van de manipulator te verwerven.

Relatie
Hier bespreken we de "relevantie" van informatie voor de boodschap. Om een lastige
vraag te omzeilen of hun eigen zwakheden te verdoezelen, veranderen manipulatoren
vaak het onderwerp met misleidende onderwerpen om de aandacht af te leiden of te
misleiden van wat werkelijk besproken moet worden; of iets te veel benadrukken
waardoor ze meer macht over de luisteraars krijgen.

Wijze De manier waarop een boodschap wordt overgebracht. Een integraal onderdeel
is lichaamstaal: we lezen verbuigingen en gezichtsuitdrukkingen tijdens het luisteren,
die kunnen worden overdreven om de presentatie van hun boodschap te misleiden,
met als doel hun agenda te benadrukken.
Liegen om iemand te manipuleren of te overtuigen is niets nieuws; zijn macht is
echter alleen maar krachtiger geworden in de huidige geglobaliseerde omgeving.
Communicatieplatforms op sociale media brengen niet altijd direct face-to-face
contact tussen twee individuen met zich mee, waardoor het voor manipulatoren
gemakkelijker wordt om informatie verkeerd voor te stellen of onwaarheden te
verzinnen in dergelijke vormen van correspondentie.

Niet alle manipulatie is noodzakelijkerwijs negatief; soms hebben we hulp nodig bij
het nemen van goede beslissingen voor onszelf en dit is waar Nudge Theory van pas
komt; het positieve bekrachtigingssysteem is afhankelijk van kleine duwtjes in de rug
voor verandering.

Skinners studies, oftewel het behaviorisme, illustreren hoe nuttig deze theorie kan zijn.
Door beloningen aan te bieden als positieve bekrachtiging kan behaviorisme
individuen verleiden om te handelen in overeenstemming met wat u van hen verlangt.

Nudging is te zien in dit voorbeeld van hoe klanten een extra duwtje kregen in de richting van de aankoop van het op één na hoogste geprijsde item - allemaal ten behoeve van de restauranteur! Klanten kregen deze extra impuls.

De Nudge Theory kan een uiterst effectieve economische strategie zijn. Maar de toepassing ervan strekt zich veel verder uit dan alleen de economie om gedragsveranderingen aan te moedigen en persoonlijke keuzes vorm te geven - zelfs geaccepteerde sociale normen kunnen door deze techniek worden veranderd.

Nudging was zo'n effectieve strategie dat de Britse regering in 2010 een Department Behavioral Insights Team oprichtte om beleid te helpen ontwikkelen, dat algemeen bekend stond als de Nudge Unit.

Hoewel het gebruik van 'nudges' een aantal duidelijke voordelen kan hebben, kan het gebruik van psychologische manipulatie de burgerlijke vrijheden van een individu schenden.

5 Sociale manipulatiestrategieën
Psychologische manipulatie is een vorm van manipulatie die vaak door politici of machtige mensen wordt gebruikt om hun eigen belangen te behartigen. In het ergste geval dient psychologische manipulatie als een vorm van sociale controle, waarbij de individualiteit wordt weggenomen en de bevolking wordt gedwongen te accepteren wat hun wordt gegeven, hoewel de positieve toepassingen ervan bijvoorbeeld het verbeteren van de gezondheid en het welzijn omvatten.

Wie aan de macht is en gebruik maakt van sociale manipulatie, kan afleidende technieken gebruiken om belangrijke kwesties op een zijspoor te brengen. Ze zouden beweren dat hun voorstellen niet alleen bedoeld zijn om henzelf ten goede te komen, maar ook uw gezin als geheel en de toekomst ervan; ieder verschil met hen zou als verkeerd en egoïstisch worden gezien; dit soort overreding behandelt individuen bijna als kinderen; Het doel ervan is om iedereen te laten geloven dat al het verkeerde volledig hun verantwoordelijkheid is, terwijl de enige oplossing ligt in het luisteren naar de begeleiding van experts die het beter weten.

Een dergelijke politieke strategie zou inhouden dat de aandacht wordt gevestigd op één sociaal probleem, terwijl andere worden verdoezeld. Deze tactiek heeft tot doel sociale onrust en paniek onder de bevolking te veroorzaken; door onbehagen binnen de samenleving te creëren, zullen mensen veranderingen voor verbetering gaan eisen. Dus, in een poging om de problemen met de gezondheidszorg te verbergen, zou één afdeling het budget voor misdaadpreventie kunnen verlagen, waardoor de misdaadstatistieken omhoog schieten en informatie wordt verstrekt die bedoeld is om burgers ervan te overtuigen dat zij het beste weten hoe ze misdaadproblemen kunnen oplossen. Politici voeden propaganda door hun eigen waarheden en feiten te verspreiden – deze kunnen wel of niet altijd accuraat zijn; soms kan zelfs overdreven informatie, zoals statistieken, worden misbruikt om de gewenste effecten te bereiken. Sociale manipulatie duurt jaren voordat de gewenste resultaten kunnen worden gerealiseerd.

Psychologische manipulatie maakt deel uit van sociale invloed, waardoor we allemaal tot op zekere hoogte sociale marionetten zijn. De meesten van ons maken gebruik van psychologische manipulatie zonder het zelfs maar te beseffen!

Zoals verwacht door de samenleving, is het onze verantwoordelijkheid om ons te conformeren en zich aan haar normen te houden om disharmonische wanorde in de samenleving te voorkomen.
Denk even na over welk gadget of huisverbeteringsproduct u het liefst zou willen kopen: is het iets dat wordt aanbevolen door een vriend, buur of dat online wordt aangeboden waardoor u er nog meer naar verlangt? Sociale manipulatie werkt ook op deze manier: we kunnen gemakkelijk door anderen worden overgehaald als we niet op onze hoede zijn; of dat als goed of slecht wordt gezien, hangt volledig af van het individuele perspectief.

Zoals eerder besproken is niet alle sociale manipulatie slecht; in feite kan het zelfs positieve resultaten hebben. Hoewel de term 'manipulatie' beelden kan oproepen van gewetenloze mensen die mensen naar hun hand zetten, kan het, wanneer het op de juiste manier wordt gebruikt, de samenleving als geheel helpen. Een goed voorbeeld van sociale manipulatie zijn gezondheidsspecialisten die ons aanmoedigen om meer fruit en groenten te eten (de 'vijf per dag-campagnes') of het stoppen van rookcampagnes die hebben geresulteerd in een lager aantal rokers en een lagere incidentie van aan roken gerelateerde ziekten; Dergelijke tactieken vormen effectieve vormen van dwang op zijn best!

6 Gasverlichting
Gaslighting kan de wreedste vorm van manipulatie zijn. Het is een poging om twijfel te zaaien over de geestelijke gezondheid en het gevoel van eigenwaarde van een persoon door er zaadjes van twijfel in te planten – waarbij vaak herhaalde leugens als aas worden gebruikt, totdat je ze uiteindelijk als waarheden gaat geloven.

Gaslighting is een onmenselijke vorm van manipulatie waarbij de ene persoon ervoor zorgt dat een andere persoon aan zichzelf gaat twijfelen en alle vertrouwen in zichzelf verliest, wat leidt tot een volledige psychologische instorting en onderwerping door een vijandige aanwezigheid. Gaslighters ondermijnen voortdurend hun doelwit door hen tegen te spreken of te suggereren dat ze het altijd bij het verkeerde eind hebben, soms in de mate dat ze hen ervan beschuldigen zelf leugens te vertellen - een actie die bedoeld is om de eigenwaarde te verminderen voordat ze volledig onder dominante controle vallen van buitenstaanders die het overnemen door zichzelf te worden. onderdrukkers zelf. Wanneer dat gebeurt, worden ze onderworpen aan de dominante aanwezigheid van hun onderdrukker – die onderdanig worden voordat ze uiteindelijk bezwijken onder de dominante invloed van externe bronnen. Gaslighters zoeken in ruil daarvoor macht over hen en worden uiteindelijk het slachtoffer van hun dominante meester.

Manipulatie van beïnvloeders is een vorm van geestelijk misbruik die vaak voorkomt in misbruik van persoonlijke relaties. Een influencer zal verschillende technieken gebruiken om het slachtoffer aan zichzelf te laten twijfelen - zelfs tot het punt dat hij zijn herinneringen in twijfel trekt door gebeurtenissen uit het verleden die tussen hem en henzelf zijn gebeurd te ontkennen.

Gaslighting kost tijd en moeite om volledig effectief te worden. Een manipulator zal zijn/haar slachtoffer gedurende een langere periode uitputten, waardoor hij/zij op zijn beurt gaat twijfelen aan zijn/haar eigen gezond verstand.

Dr. George Simon PhD is een klinisch psycholoog aan de universiteit van Texas. In zijn onderzoek naar mensen met verontrustende persoonlijkheden, vooral psychopaten, brachten zijn bevindingen hem tot de conclusie dat bepaalde typen persoonlijkheid zeer bedreven waren in manipulatie; Met behulp van leugens en agressieve taal slaagden ze erin twijfel te zaaien in de hoofden van hun slachtoffer, totdat hun doelwit uiteindelijk het vertrouwen in zichzelf verloor en geloofde wat de manipulator zei, en uiteindelijk onder controle van hem of haar viel.

Psychologische geheimen
De meeste psychologische technieken dienen zowel donkere als blanke psychologische toepassingen; hun nut hangt af van de bedoelingen van degenen die ze in dienst hebben.

In dit hoofdstuk zullen we kijken naar verschillende psychologische technieken die voor illegale doeleinden worden gebruikt.
Duistere overtuiging
Overreding is veruit de meest gebruikte psychologische techniek, vaak gebruikt in de blanke psychologie; bijna iedereen van ons heeft wel eens gebruik gemaakt van overreding als onderdeel van die discipline; slechts weinigen hebben echter overtuiging gebruikt als een effectieve vorm van manipulatie uit de duistere psychologie.

Voordat we dieper ingaan op Duistere overtuiging, laten we eerst de kerncomponenten ervan bekijken.

Wat is overtuiging? mes Overtuiging is de psychologische praktijk waarbij overtuigende argumenten worden gebruikt op een manier die de houding of het gedrag van een individu motiveert, beïnvloedt of verandert om de gewenste resultaten te bereiken.

Overtuigingstips Hier zijn enkele essentiële overredingsstrategieën die u moet beheersen om succesvol overtuigend te worden:

Onderzoek om deskundig advies te verkrijgen

Wees een thought leader – om het denken van anderen te sturen en het goede voorbeeld te geven.

Wees zelfverzekerd en gebruik declaratieve uitspraken en assertiviteit:

Sarcasme zoveel mogelijk beperken.

Klinkt redelijk en monitor reacties als reactie op subtiele reacties; actief luisteren en suggereren in plaats van eisen; actief observeren; emotioneel intelligent zijn

Overtuigingstactieken

Hier volgen enkele fundamentele maar belangrijke overtuigingstactieken:

Gebruik de naam van de persoon met wie u communiceert.

Maak persoonlijk verbinding en bouw een goede verstandhouding op.

Ontwikkel relaties en open deuren voor wederkerigheid

Gebruik motiverende woorden Wees flexibel en adaptief - pas je aan zodat het bij elk doel afzonderlijk past (geen algemene aanpak). Maak gebruik van de spiegel- en matchingtechniek van NLP.

Gebruik het Bandwagon-effect in uw voordeel

Creëer enige onzekerheid bij degenen die u overtuigt door een gevoel van schaarste voor hun aandacht te creëren.

Creëer spanning door opzettelijke hiaten (informatiehiaten).

Pas de "voet tussen de deur"-strategie toe: doe een klein verzoek dat meer deuren opent voor latere grotere verzoeken.

Het onderstrepen van de waarde van uw voorstel aan degenen die u probeert te overtuigen, is van cruciaal belang als u hen probeert te overtuigen van de waarde ervan, aangezien iedereen zich onbewust afvraagt: "Wat levert het mij op?"

me Het Bandwagon-effect
Het bandwagoneffect kan worden omschreven als de collectieve impact die groepen mensen kunnen hebben op individuele leden binnen die menigte of groep mensen.

Hieronder staan enkele belangrijke kenmerken van het bandwagon-effect:

Kuddementaliteit – mensen hebben de neiging zich te conformeren als ze ervan overtuigd zijn dat het volgen van anderen tot succes zal leiden Sociaal bewijs – mensen hebben de neiging om te volgen wat de meest populaire zaak lijkt te zijn

Het afwijzen van negatief sociaal bewijs (zoals zwerfvuil, houtkap, slecht seksueel gedrag, eetbuien en roken) kan dit feitelijk bevorderen. Het bekritiseren van een stijging van het ziekteverzuim van 15% naar 20% zou bijvoorbeeld ook het positieve sociale bewijs moeten versterken door de meerderheid van de werknemers (80%+) te noteren die het werk niet hebben gemist en de paar verwende appels die afwezig blijven te bespreken als verwaarloosbaar in vergelijking met wat moet worden benadrukt en verder verminderd.

Teleurstelling
Bedrog kan worden gedefinieerd als elke handeling die probeert iets dat vals is te verbergen, verkeerd voor te stellen of naar voren te brengen, teneinde een mening te verdoezelen, in diskrediet te brengen of te bevorderen met de bedoeling een ander individu ervan te overtuigen te handelen in overeenstemming met vooraf gedefinieerde doelen of verwachtingen.

Bij misleiding gaat het om het manipuleren van de schijn om een onnauwkeurige weergave van de werkelijkheid over te brengen.

De essentie van bedrog ligt in het verbergen. Veel voorkomende misleidingstechnieken zijn onder meer:

Propaganda omvat het verspreiden van valse informatie als waarheid of feiten, terwijl camouflage de ware aard van de dingen verhult; een voorbeeld hiervan is het gebruik van liefdadigheidswerk als dekmantel om een gebied te infiltreren.

Pretentie verwijst naar het aannemen van een alter ego; bijvoorbeeld onschuld voorwenden terwijl iemand schuldig is, zich ziek gedragen als je je volkomen gezond voelt, doen alsof je verdriet hebt terwijl je in werkelijkheid iets belangrijks viert, enz.

Mystificatie - Creëer een aura van het bovennatuurlijke door informatie achter te houden of te handelen op een manier die bovennatuurlijk lijkt, waardoor u aantrekkelijk wordt voor mensen die geneigd zijn tot overtuigingen.

Paltering: Goochelaars, goochelaars en acteurs gebruiken deze tactiek vaak om de aandacht van mensen van zichzelf naar u toe te trekken en deze in uw voordeel af te leiden om persoonlijke doelstellingen te bereiken. Deze tactiek werkt ook goed als je resultaten wilt bereiken via openbare optredens zoals concerten.

Soorten bedrog
Bedrog kent twee primaire vormen.

Leugens door middel van bedrog (huichelarij) zijn actieve vormen van bedrog. Iemand die zich in opdracht schuldig maakt aan liegen, misleidt rechtstreeks of liegt rechtstreeks door materiële feiten opzettelijk in hun voordeel te veranderen.

Simulatie of weglating (leugen door weglating) - Simulatieleugens zijn indirecte vormen van bedrog waarbij iemand die zich bezighoudt met bedrog de materiële feiten niet direct verandert; ze verbergen eerder de zaken die de besluitvorming van degenen die gedupeerd werden zouden hebben veranderd.

Oplichterij
Dupery gaat, net als elke vorm van bedrog, verder in het verkrijgen van persoonlijk gewin van slachtoffers. Dupery houdt in dat er vallen of aas worden geplaatst waarmee slachtoffers worden gevangen voordat ze worden uitgebuit voor persoonlijk of snode gewin.

Indoctrinatie
Indoctrinatie verwijst naar het proces waarbij iemand overtuigingen wordt ingeprent zonder hem/haar de kans te geven voor onafhankelijk kritisch onderzoek.

Strategieën die worden gebruikt voor indoctrinatie:

Rote-training - deze praktijk waarbij informatie in de herinneringen van mensen wordt afgedrukt door middel van herhaalde handelingen, zoals het herhalen van mantra's tijdens gebeden of het tellen van mala-kralen tijdens het bidden, staat bekend als rote-training.

Mensen die zijn opgeleid om affirmaties te maken, krijgen de opdracht woorden te zeggen die bepaalde uitspraken bevestigen, waardoor de indruk wordt gewekt dat die uitspraken waar zijn.

Obstructie van waarheid en feiten: deze tactiek probeert te voorkomen dat degenen die geïndoctrineerd worden toegang krijgen tot bronnen van waarheid of feiten, zoals boeken die als 'satanisch' worden beschouwd. Er kunnen ook angstpsychologische technieken worden gebruikt, zoals het waarschuwen dat ze nachtmerries zullen ervaren of bezocht zullen worden door vampiergeesten als ze dergelijke boeken lezen.

Bekentenis - Ieder van ons heeft een verleden vol zonden. Er kunnen dingen zijn die we hebben gedaan waar we spijt van krijgen; Eén indoctrinatietactiek houdt in dat mensen worden gedwongen te bekennen. Zodra mensen bekennen, neemt hun morele autoriteit af ten opzichte van indoctrinators, waardoor ze een pad van onderwerping in de richting van indoctrinatie bewandelen.

Isolatie - het hoofddoel van isolatie is iemand te verwijderen van invloeden die indoctrinatie onmogelijk of moeilijker maken, waardoor hij of zij volledig wordt afgesloten van familie, de samenleving of normale relaties. Slachtoffers kunnen dus afgesneden raken van hun familie, de samenleving en normale relaties, waardoor ze alles gaan geloven wat door hun indoctrinatoren wordt gezegd, zonder dat ze een andere mening over deze beweringen krijgen van vertrouwde derde partijen. Isolatie fungeert ook als een vorm van obstructie wanneer waarheid en feiten niet objectief kunnen worden beoordeeld vanuit vertrouwde perspectieven van derden.

Schuldoplegging - Schuldoplegging is vergelijkbaar met gedwongen bekentenis; Het opleggen van schuld houdt echter in dat er een schuldgevoel in de geest van het slachtoffer wordt gebracht door indoctrinators die manieren vinden om wangedrag te ontdekken en die daad vervolgens tegen hen gebruiken om hen schuldgevoelens op te leggen. Net als bij een gedwongen bekentenis is het voornaamste doel van deze tactiek het opleggen van schuld.
Een bekentenis kan dienen om de morele status van een slachtoffer te ondermijnen en hem onder druk te zetten tot psychologische onderwerping.

Fobie-oplegging - Psychologische angst kan worden ingeprent via de indoctrinatietechnieken van indoctrinators; Slachtoffers vinden het steeds lastiger om buiten hun invloedssfeer te functioneren. Voorbeeld van het aanzetten tot fobie Verzekeringsmaatschappijen gebruiken angstaanjagende tactieken bij potentiële klanten door de potentiële risico's te overdrijven die zich zouden kunnen voordoen als de potentiële klant ervoor kiest om het leven of de eigendommen van dierbaren niet te verzekeren, terwijl overheden vaak hun toevlucht nemen tot het aanwakkeren van angst om hun belangen door te drukken. agenda's.

Rituelen hebben een onuitwisbare stempel op iemands psychologie, wat verklaart waarom zoveel tradities, religies, sekten, politieke organisaties en burgerlijke groeperingen rituelen gebruiken als onderdeel van hun praktijken. Rituelen kunnen worden uitgevoerd voorafgaand aan gebeds- of begrafenisdiensten, maar ook voordat de oorlog begint - deze ceremonies vergroten de gevoeligheid voor welke voorstellen dan ook die door indoctrinators naar voren kunnen worden gebracht.

Geïnduceerde afhankelijkheid - Manipulators passen deze tactiek vaak toe in relaties waarin ze de overhand willen krijgen op hun slachtoffers, bijvoorbeeld imperialistische of kolonialistische entiteiten die de armoede in stand houden voordat ze doen alsof ze haar van haar lot willen redden. Ze kunnen voorwaardelijke hulp of subsidies aanbieden die voorwaarden bevatten die bedoeld zijn om de afhankelijkheid te vergroten en slachtoffers vatbaarder te maken voor uitbuiting. Omdat deze doelbewuste verarming niet tot zulke extreme armoede zou hebben geleid of tot zulke genereuze hulp en subsidies zou hebben geleid, leidt dit tot afhankelijkheid. Huwelijkspartners laten vaak toe dat een onzekere partner omstandigheden creëert die

hun partner afhankelijk maken; een onzekere echtgenoot zou haar afhankelijker
kunnen maken.
Zodra zijn vrouw haar baan verliest, kan een onzekere echtgenoot zijn werkloze
echtgenoot gemakkelijker controleren en manipuleren, aangezien hij haar belangrijkste
bron van financiële onafhankelijkheid vormt. Het gebrek aan financiële autonomie
maakt haar kwetsbaar voor de dictaten van haar echtgenoot.

Straf – Door een stimuleringssysteem te creëren en tests/examens als straf aan te
bieden, worden degenen die slagen voor hun indoctrinatieprogramma
dienovereenkomstig gestraft.

Kenmerken van indoctrinatie

Het is niet verrassend dat indoctrinatie de meeste aspecten van ons leven doordringt;
het vindt plaats in huizen (door ouders en leraren), op scholen (door leraren), in het
openbare leven (door politici en overheden) enz.

Hier zijn enkele belangrijke kenmerken van indoctrinatie-instrumenten:

Angst, dogmatisme, fundamentalisme, cognitieve afsluiting en ervaren deprivatie als
bronnen van indoctrinatie
Er kunnen verschillende geheime en openlijke bronnen van indoctrinatie zijn; hier zijn
een paar vaak openlijke bronnen:

Religieuze instellingen, scholen en onderwijsinstellingen

Handleiding voor ouders over media (mainstream, alternatieve media en sociale
netwerksites).

Politici
Huwelijkspartners Hersenspoeling De term 'hersenspoeling' verwijst naar het proces
waarbij iemands bestaande reeks oude overtuigingen uit hun systeem wordt
losgemaakt ten gunste van nieuwe die ontstaan zonder dat iemand erom vraagt of
deze vrijwillig overneemt. Hersenspoeling vindt plaats zonder toestemming.

Hersenspoeling kan vele vormen aannemen; soms is het subtiel en onvrijwillig, terwijl
het andere keren gewelddadig is. Een gewelddadig voorbeeld was de gedwongen
bekering tijdens kruistochten en de jihad. Slachtoffers zijn zich in dergelijke gevallen
bewust van wat er gebeurt, maar accepteren het toch als een effectief
coping-mechanisme om grotere schade, zoals de dood, te voorkomen.

Gewelddadige hersenspoeling vindt doorgaans plaats binnen militante sekten of criminele organisaties, waar slachtoffers vast komen te zitten zonder ontsnappingsroute.

Potentiële slachtoffers van gewelddadige hersenspoeling zijn onder meer:

Gevangenen (vooral krijgsgevangenen)

Slaven onder gevangenschap
Ontvoerde slachtoffers van slavernij te koop door Captors
Illegale vreemdelingen Subtiele hersenspoeling gebeurt vaak zonder medeweten van het slachtoffer; Hierbij zoekt de dader naar gevoelige slachtoffers die makkelijker te overtuigen zijn. Bovendien bevinden deze kwetsbare slachtoffers zich doorgaans in erbarmelijke omstandigheden, waardoor er psychologische leegtes ontstaan die verlangen naar vervulling.

Hieronder staan enkele potentiële slachtoffers van onbewuste hersenspoeling:

Heeft u een onbekende chronische ziekte? Zo ja, lees dit dan.

Minderjarigen die het huis hebben verlaten om alleen te gaan wonen, wonen doorgaans ver weg.

Mensen die hun baan hebben verloren en emotioneel lijden, verkeren in diepe wanhoop.

Het verliezen van dierbaren door echtscheiding of overlijden kan verschrikkelijk pijnlijk zijn.

Gemeenschappelijke stappen bij hersenspoeling

Hieronder volgen enkele van de stappen die hersenspoelers doorgaans nemen als ze proberen hun slachtoffers te hersenspoelen:

1. Isolatie
2. Aanval op onderwerping van eigenwaarde
5 liefdesbombardementen testen
Hersenspoelers begrijpen dat familieleden of nabije leden snel kunnen identificeren wat er met een slachtoffer gebeurt en hem of haar zo kunnen redden. De eerste stap die ze zetten om een slachtoffer te ondermijnen is hem of haar te isoleren van degenen die dicht bij hen staan, zoals familie of vrienden. .

Cultische leiders kunnen de slachtoffers bijvoorbeeld negatieve meningen van naaste familie en vrienden bijbrengen, waardoor er verdeeldheid ontstaat tussen henzelf en hun dierbaren als resultaat van hersenspoelingstactieken die tegen hen worden gebruikt door bijvoorbeeld paranormale vampieren die energie wegzuigen en mensen chronisch ziek maken; het slachtoffer kan ten gevolge van ziekte en wanhoop ten prooi vallen aan dergelijke hersenspoelingstactieken, waardoor hij zichzelf uiteindelijk isoleert van iemand die hem helemaal van hersenspoeling had kunnen behoeden.

Aanval op het gevoel van eigenwaarde Een slachtoffer dat weinig zelfvertrouwen heeft of een laag zelfbeeld heeft, is kwetsbaar voor hersenspoeling, en dus probeert een hersenspoeler deze toestand te bereiken door zijn gevoel van eigenwaarde aan te vallen.

Hersenspoelers gebruiken verschillende strategieën om het gevoel van eigenwaarde van hun slachtoffer te ondermijnen, zoals:

Verbaal en fysiek misbruik - vaak gebruikt bij gewelddadige hersenspoeltechnieken om het slachtoffer te ontmenselijken en zijn/haar gevoel van eigenwaarde te ondermijnen.

Slaapgebrek - Zonder voldoende rustgevende rust zijn mensen kwetsbaarder voor psychologische druk als gevolg van een verminderd bewustzijn. Zonder volledig bewustzijn worden hersenspoelinstructies gemakkelijker voor een uitgeput individu dat op zoek is naar wat rust en stilte, zodat hij of zij snel in slaap kan vallen.

Intimidatie - Intimidatie is een van de vele technieken die hersenspoelers gebruiken om iemand tot onderwerping te dwingen zonder dat hij dat wil, bijvoorbeeld door te dreigen met straf of door de straf zelf.

Schaamte - deze strategie kan worden gebruikt als een potentieel slachtoffer een onsmakelijk geheim met zich meedraagt dat hij liever verborgen wil houden, bijvoorbeeld door op verschillende manieren naaktfoto's te bemachtigen of huwelijksontrouw bij dergelijke personen te veroorzaken. Zodra een hersenspoeler dit materiaal in handen heeft, begint hij/zij het slachtoffer op subtiele wijze in verlegenheid te brengen zonder publiekelijk iets over dit materiaal bekend te maken, maar gebruikt hij algemene termen die immoreel gedrag ten behoeve van het doelwit aangeven. Het slachtoffer begrijpt waar deze aanwijzingen toe leiden en is daarom vastbesloten om te voorkomen dat de hersenspoeler deze gênante inhoud openbaar maakt, waardoor hij/zij de overhand krijgt die nodig is om het slachtoffer te hersenspoelen. Voorbeelden van hersenspoelscenario's zijn onder meer het dwingen van slachtoffers tot het uitvoeren van rituelen die hun eigen waarde en eigenwaarde ondermijnen, waardoor ze verder aan hun hersenspoeler worden onderworpen. Na verloop van tijd kunnen slachtoffers het Stockholm-syndroom ontwikkelen, waarbij ze in plaats van terug te vechten, in plaats daarvan hun hersenspoeler gaan steunen. Bescherm de hersenspoeler (wat onbewust betekent dat ze hun 'geheimen moeten beschermen')

Hersenspoelers maken gebruik van het creëren van schaarste, zoals het rantsoeneren van basisbehoeften, en geven deze alleen vrij als een individu onder hun bevel optreedt, om de slachtoffers te onderwerpen. Hersenspoeling heeft tot doel slachtoffers onder totale controle te brengen, zodat ze volledig onderdanig worden.

Hieronder staan een paar tactieken die gebruikt worden om onderwerping te bewerkstelligen:

Extreem misbruik is ons versus zij
Love bombing Extreem misbruikachtig Een slachtoffer wordt blootgesteld aan extreem misbruik; vaak wordt er gebruik gemaakt van emotionele en psychologische mishandeling, waarbij fysieke mishandeling alleen wordt gebruikt voor gewelddadige hersenspoelingsdoeleinden en niet voor subtiele hersenspoeltechnieken.

Wij versus zij
Een slachtoffer wordt gedwongen te kiezen tussen zijn/haar hersenspoeler en de samenleving als geheel. Er is geen ontsnappingsmogelijkheid voor dit slachtoffer.

Gehersenspoelde proefpersonen introduceren slachtoffers die nog steeds enige gedachten koesteren aan 'hen', de buitenwereld. Elke poging van slachtoffers om te overwegen om bij "ons", de gehersenspoelde proefpersonen, te blijven, zal leiden tot ernstig misbruik totdat zij besluiten om mee te doen aan hun hersenspoeling en "hen" in de steek te laten.

Test of beoordeling,
Er worden tests uitgevoerd om vast te stellen of het slachtoffer zijn keuze heeft gemaakt en zich niet langer bij "hen" wil aansluiten, terwijl ook zijn/haar niveau van gehoorzaamheid wordt getest.

Onder geheime controle kunnen slachtoffers worden vrijgelaten in 'zij' (de algemene bevolking) op voorwaarde dat ze op een bepaalde datum terugkeren en in het geheim worden gecontroleerd om te zien of ze ervoor kiezen terug te keren naar 'ons' (gehersenspoelde groep).

Als het slachtoffer niet wil terugkeren, wordt hij of zij ontvoerd en terug in onze kudde geplaatst – en zo begint de vicieuze cirkel opnieuw.

In het geval dat het slachtoffer vrijwillig terugkeert, gaan we naar fase twee, bekend als liefdesbombardementen.

De meeste slachtoffers vinden de reis terug naar de samenleving te uitdagend en geven daarom de voorkeur aan terugkeer naar huis in plaats van het herbouwen van wat verloren is gegaan.

Love Bombing Zodra uit tests blijkt dat een slachtoffer met succes is gehersenspoeld, kunnen love bombing-technieken worden gebruikt om hem of haar ertoe aan te zetten zich aan te sluiten.

Liefdesbombardementen kunnen betrekking hebben op lof, promotie op volgorde van onderwerp, ontvangen geschenken enz.
Duistere verleiding 'Duistere verleiding' verwijst naar het gebruik van psychologische instrumenten die zijn ontworpen om duistere manipulatietactieken tegen individuen te gebruiken om hen over te halen tot relaties die slechts het eigenbelang van één partij bevredigen en geen tastbaar rendement opleveren voor de betrokken partijen.

Een gewetenloze verleider speelt in op de verlangens van hun slachtoffer om hun eigen wellustige agenda te bevredigen.

Hoewel verleiding vaak wordt geassocieerd met het andere geslacht, kan het ook iemand van hetzelfde geslacht betreffen en zelfs iemand die zich als niet-seksueel identificeert.

Bij duistere verleiding zijn niet alleen seksuele handelingen betrokken; het maakt eerder gebruik van seksuele stimulatie om bepaalde doelen te bereiken.

Seksuele stimulatie maakt slachtoffers minder logisch en rationeel en daardoor meer vatbaar voor manipulatie.

Hieronder staan een paar technieken van duistere verleiding:

Bij Love Bombing gaat het om het sturen van provocerende uitingen en gemeenplaatsen als geschenk naar anderen, al dan niet met uitdrukkelijk verzoek daartoe.
Het primaire doel van duistere verleiding is om een beroep te doen op de primitieve identiteit van een individu en de anti-cathexis te verminderen; waardoor hij of zij

wordt aangemoedigd om zich los te maken van het superego en af te dalen naar Id, waar hedonisme bestaat.

Er kunnen erotische acties en beloningen tegen het slachtoffer worden ingezet om deze staat van identiteit te versterken en alle bewijzen van superego of anti-cathexis te verwijderen.

Vaker wel dan niet kunnen indoctrinatie en hersenspoeling iemands superego helpen ontmantelen. Hypnotisatie wordt echter gebruikt als een krachtige techniek voor dit doel: iemands geest in een open staat brengen waarin hij of zij kan worden overtuigd door elke suggestie die u hem of haar geeft.

Een persoon onder hypnose is vergelijkbaar met iemand die slaapt en wandelt; hun bewustzijn wordt uitsluitend gericht op lopen zonder signalen van externe bronnen op te nemen.

In een hypnotische toestand kan een individu niet bewust verwijzingen uit externe bronnen halen - alleen uit suggesties. Het perifere bewustzijn neemt af of verdwijnt helemaal naarmate hun geest gevangen raakt in een ondoordringbare luchtbel die ondoordringbaar is voor signalen van buitenaf die er normaal gesproken wel doorheen zouden dringen.

Hypnotische inductie
Hypnotische inductie houdt in dat je iemand instructies en suggesties geeft die bedoeld zijn om hypnose op te wekken.

Belangrijkste kenmerken van hypnose:
Geconcentreerde aandacht gericht op één object of idee. Isolatie van het perifere bewustzijn

Grotere ontvankelijkheid voor suggesties Het belangrijkste onderscheid tussen blanke en donkere hypnose ligt in de intentie van de hypnotiseur: donkere hypnose is erop gericht de persoon uit te buiten voor zelfzuchtig gewin, in plaats van hem te helpen zichzelf te verbeteren door middel van positieve suggesties vanuit de hypnose.

Witte hypnose heeft tot doel traumatische of schadelijke bewustzijnstoestanden te verlichten door hypnotica te helpen er snel en succesvol uit te komen. Hypnotherapie wordt vaak beschouwd als de hoofdvorm van witte hypnose, ook wel therapeutische hypnose genoemd.

Hypnotherapie

Hypnotherapie is een vorm van witte hypnotische inductie die door artsen wordt gebruikt voor therapeutische doeleinden. Het belangrijkste doel is om te helpen genezen van psychologische, emotionele en zelfs fysieke trauma's.

Hypnotherapie kan worden gebruikt als een effectieve methode voor pijnverlichting door een patiënt te helpen afstand te nemen van de bron van zijn ongemak, waardoor de gevoeligheid voor die pijn wordt verminderd.

Feiten over hypnose: Hypnose is vrijwillig Opzettelijke kinderen zijn gevoeliger voor hypnose dan volwassenen

15% van de mensen is vatbaar voor hypnose.

10 procent van de mensen kan slechts zelden worden gehypnotiseerd.

Mensen die geneigd zijn te fantaseren, zijn kwetsbaarder om meegesleept te worden in duistere, hypnotische inductie. Bovendien kan dit nadelige gevolgen hebben.

Er zijn veel slachtoffers geweest van duistere hypnotische inductie. Veel voorkomende oorzaken zijn:

Zo diep gehypnotiseerd dat je bereidwillig bezittingen aan een hypnotiseur overhandigt

Wordt u gehypnotiseerd om moedwillig de deur te openen voor overvallers?

Wordt u gehypnotiseerd en volgt u ontvoerders gewillig naar hun hol? Als dat bij jou het geval is, zal gehypnotiseerd worden, zodat je ze naar hun hol volgt, waarschijnlijk leiden tot ontvoering en een of andere vorm van misbruik.

Het begrijpen van manipulatie maakt al lang deel uit van het leven; het mag geen verrassing zijn dat overreding al lang als een vaardigheid wordt beoefend. Het onderkennen van de ware essentie ervan is essentieel als je effectief met de impact ervan wilt omgaan.

In dit hoofdstuk zullen we kort de psychologie van manipulatie bespreken om beter te begrijpen waar deze zich in ons leven voordoet en wie ons zou kunnen proberen uit te buiten. Het kan ook helpen bij het identificeren van degenen die ons proberen te beïnvloeden zonder dat we het beseffen. Een baas kan bijvoorbeeld zijn werknemers aanmoedigen zich te gedragen op een manier die in strijd is met hun normale persoonlijkheid en gedrag; Als u leert hoe de commercie subtiele overredingstechnieken gebruikt, kunt u de doordringende macht ervan bestrijden.

Onze samenleving moedigt ons aan om onszelf te zien als onafhankelijke individuen die in staat zijn rationele keuzes te maken; Als het echter om beslissingen in het leven gaat, hebben we niet altijd de volledige controle. Kinderen kunnen vaak sterk worden beïnvloed door hun ouders en hebben geen enkele controle over het proces waarmee ze zijn grootgebracht. Eenmaal binnen het onderwijssysteem worden we nog verder gemanipuleerd. Leraren leren ons alles over sociale normen en verwachtingen in de samenleving; later als volwassenen worden we aangetrokken door politici die op zoek zijn naar stemmen. Velen worden overgehaald om op bepaalde partijen te stemmen door wat zij beloven voor de toekomst, zelfs als ze niet in hun beleid geloven. Dit geeft politici macht die ons leven rechtstreeks kan beïnvloeden; Hebben we werkelijk de controle of zijn we eenvoudigweg onderhevig aan manipulatie door mensen met bekwame overredingstechnieken?
Verderop in dit boek zullen we bespreken hoe we verschillende manipulatieve methoden kunnen aanpakken, zowel openlijk als verborgen. Allereerst moet je leren herkennen wanneer je wordt gemanipuleerd, zodat je dit kunt tegengaan; voor dit doel zullen we ook onderzoeken wat experts zeggen over dit soort gedrag dat onder ons bestaat.
Voelt u zich gemanipuleerd?

Voor welke dingen moeten we in ons dagelijks leven op onze hoede zijn?

Overtuigende taal Hoewel beelden meer zeggen dan duizend woorden, kunnen woorden veel effectiever zijn als ze worden gebruikt om te motiveren, aan te moedigen en te overtuigen. Denk eens terug aan al die keren dat u werd geïnspireerd door een charismatische redenaar wiens gedurfde toespraken u tot actie inspireerden

en motiveerden; of toen we helemaal verdwaald waren in een geweldig boek met woorden die een ander verhaal vertelden! Taal kan een buitengewoon krachtige kracht zijn als het effectief wordt gebruikt om anderen ergens van te overtuigen; communicatie is een ongelooflijke troef als je probeert het gedrag van mensen te veranderen of mensen ergens over van gedachten te laten veranderen.
Psychologische manipulatietheorieën 1 Cognitief

Psychologische processen en theorieën rond overreding zijn algemeen bekend; Een van die theorieën, ontwikkeld door Anthony Greenwald in 1968, is het Cognitive Response-model. Hoewel ze ruim veertig jaar geleden zijn ontwikkeld, zijn de principes ervan vandaag de dag nog steeds relevant en worden ze op grote schaal gebruikt in de reclame en andere vormen van overreding.

Greenwald opperde het volgende: Wat het succes van overreding werkelijk bepaalt, ligt niet bij de woorden, maar bij de emoties van de ontvanger, zijn interne monoloog en de vraag of hij of zij de boodschap wel of niet met positieve of ongunstige gedachten (cognities) bekijkt. Dit proces hoeft niet gepaard te gaan met het leren van nieuw materiaal, maar wordt bepaald door de vraag of iemand er al zo naar kijkt dat invloed voor hem of haar min of meer gemakkelijk is.

Overtuigers moeten vertrouwen op hun vaardigheden als overreders om eventuele tegenargumenten die zich tegen hun overredingsinspanningen kunnen voordoen, te overwinnen. Ze moeten voorkomen dat hun doelwit voldoende tijd heeft om zelf tegenargumenten te bedenken en moeten positieve argumenten aanmoedigen om naar voren te komen, waardoor het 'overtuigingseffect' een grotere kans op succes krijgt.

Overtuigen wordt een grotere uitdaging als een beoogd doelwit van tevoren is gewaarschuwd voor wat hij kan verwachten, waardoor hij of zij de tijd krijgt om zijn eigen argumenten voor te bereiden tegen wat voor hem misschien contra-intuïtief lijkt. Richard E. Petty deed in 1977 onderzoek dat het belang van waarschuwing vooraf aantoonde: studenten die op de hoogte waren van bepaalde gebeurtenissen waren minder snel overtuigd dan studenten zonder voorafgaande kennisgeving.

Wederkerigheid
De Regel van Wederkerigheid biedt nog een intrigerende verklaring voor onze gevoeligheid voor overreding: deze berust op sociale conventies: als iemand je een plezier doet of iets goeds voor je doet, is de kans groter dat je je verplicht voelt om de gunst in een of andere vorm terug te geven.

Onbewust kan de regel van wederkerigheid optreden. Zonder het zelfs maar te beseffen, kunt u ermee instemmen een actie of gunst voor iemand te doen, omdat hij of zij op een gegeven moment iets goeds voor u heeft gedaan - zelfs als dit verzoek normaal gesproken buiten uw bevoegdheid zou vallen. Je verplicht voelen kan zelfs voordelen hebben;

Bedrijven die verkooptechnieken gebruiken, gebruiken deze tactiek gewoonlijk om meer omzet te genereren. Bedrijven bieden gratis monsters of tijdelijke proefversies aan in de hoop dat klanten zich verplicht voelen om iets terug te doen door hun product te kopen of de overeenkomst voort te zetten.

Wederkerigheid is een gevestigd psychologisch proces en een adaptief gedrag, waardoor onze overlevingskansen door de geschiedenis heen toenemen. Het helpen van anderen kan uw kans vergroten om in ruil daarvoor hulp te krijgen, maar wederkerigheid kan ongewenste bijwerkingen hebben; Als iemand u bijvoorbeeld kwaad doet, kan wederkerigheid aanleiding geven tot wraakzuchtige reacties tegen die persoon.

Academisch onderzoek ondersteunt de regel van wederkerigheid. Burger et al (2009) ontdekten dat deelnemers eerder geneigd waren in te stemmen met verzoeken van iemand die hen in het verleden een plezier had gedaan.

Informatiemanipulatie Stap 3

Bedrog is een van de belangrijkste strategieën die door manipulatoren worden gebruikt. Deze strategie houdt in dat er beperkte en verwarrende informatie aan de slachtoffers wordt aangeboden om hun denkpatronen te veranderen, waardoor ze vatbaarder worden. Bij bedrog kan het ook gaan om het gebruik van opzettelijke lichaamstaal om iemand te overtuigen en te manipuleren.
McCornack et al. (1992) voerden een onderzoek uit waarin verschillende manieren werden belicht waarop berichten konden worden vervalst om manipulatieprocessen te ondersteunen. De theorie van McCornack berust op vier stelregels die bepalend zijn voor waarheidsgetrouwe uitspraken; elke inbreuk zal dat bericht als opzettelijk bedrog beschouwen. Ze bevatten:
Hoeveelheidsinformatie "hoeveelheid" verwijst naar hoeveel er wordt uitgegeven. De meesten van ons streven ernaar om voldoende gegevens te verspreiden zodat de ontvanger onze boodschap begrijpt - noch te weinig, noch te veel kan verwarring veroorzaken. Maar manipulatoren kunnen met die hoeveelheid spelen door bepaalde stukken achter te houden waarvan zij denken dat ze niet relevant zijn voor hun betoog, of door informatie achter te houden waarvan zij denken dat deze deze zal ondermijnen - deze praktijk staat bekend als 'liegen door weglating'.

Kwaliteit heeft betrekking op de juistheid van de aangeleverde informatie. Waarheidsgetrouwe communicatie is van hoge kwaliteit, terwijl wanneer we dit principe schenden, de ontvanger opzettelijke onwaarheden hoort die de manipulator macht over anderen geven.

Relevantie Hier hebben we het over de 'relevantie' van informatie gerelateerd aan onze boodschap. Om een ongemakkelijke vraag te ontwijken of een ongemakkelijke discussie te omzeilen, veranderen manipulatoren vaak van onderwerp voor hun eigen voordeel - ofwel om hun zwakheden in zichzelf te verbergen, ofwel om iets te veel te benadrukken waardoor ze meer macht over hun luisteraar krijgen.

Wijze van levering Een presentatie wordt bepaald door de manier waarop deze wordt "geleverd". Lichaamstaal speelt hierbij een integrale rol. Terwijl we luisteren, kunnen verbuigingen en gezichtsuitdrukkingen verraden waar een boodschap vandaan komt; manipulatoren kunnen deze kenmerken overdrijven om luisteraars op subtiele wijze te misleiden door te geloven dat hun boodschap in plaats daarvan hun agenda benadrukt.

Het opzettelijk manipuleren of overtuigen van anderen door middel van bedrog is geen nieuwe tactiek; het gebruik ervan is echter bijzonder krachtig geworden in de huidige samenleving.
Bij online- en sociale mediacommunicatie gaat het niet altijd om persoonlijke ontmoetingen, waardoor het voor manipulatoren gemakkelijker wordt om onwaarheden te verspreiden of informatie te overdrijven. Manipulators zouden kunnen gedijen met behulp van dergelijke vormen van communicatie.

4 Nudge Niet alle manipulatie is schadelijk; Soms hebben we hulp nodig bij het nemen van beslissingen waar we op de lange termijn profijt van zullen hebben. Om dit doel te bereiken kan de Nudge-theorie bijzonder nuttig zijn: het uitbreiden van positieve bekrachtiging door het geven van zachte duwtjes in kleine doses via verschillende "nudges".

Skinners studies, of het behaviorisme, illustreren hoe nuttig deze theorie kan zijn. Door positieve bekrachtiging aan te bieden in de vorm van beloningen voor gewenst gedrag, kan deze theorie mensen in een gewenste richting duwen.

Een voorbeeld van 'nudging' kun je hier zien. Hoewel het toevoegen van hooggeprijsde artikelen contraproductief kan lijken, hebben de resultaten feitelijk de verkoop van het op een na hoogste geprijsde artikel doen toenemen, waardoor klanten een impuls krijgen om het te kopen, allemaal ten voordele van de restauranteurs en hun bedrijfsresultaten.

Richard Thaler wordt algemeen beschouwd als de 'vader' van de Nudge Theory en ontving de Nobelprijs voor de Herdenking van de Economische Wetenschappen voor zijn belangrijke bijdrage aan de gedragseconomie. Nudge-theorie biedt positieve bekrachtiging of 'nudges'.

De Nudge-theorie kan een uiterst effectieve economische theorie zijn; de toepassing ervan strekt zich echter veel verder uit dan de economie om gedragsveranderingen aan te moedigen, persoonlijke keuzes te beïnvloeden en geaccepteerde sociale normen op dergelijke manieren te veranderen.

Nudging is zo'n succes gebleken dat de Britse regering in 2010 een Department Behavioral Insights Team heeft opgericht dat zich bezighoudt met beleidsontwikkeling – gewoonlijk de Nudge Unit genoemd.
'Nudges' kunnen duidelijke voordelen hebben voor de samenleving als geheel, maar het gebruik van dergelijke psychologische technieken om mensen te beïnvloeden kan individuele burgerlijke vrijheden schenden.

5. Sociale manipulatie
Ook wel psychologische manipulatie genoemd, kan sociale manipulatie door politici en andere machtige individuen worden gebruikt voor persoonlijk gewin. In zijn ergste vorm dient het als een vorm van sociale controle door de individuele rechten van individuen weg te nemen om de bevolking te dwingen te accepteren wat hun is gegeven; maar sociale manipulatie kan positief worden gebruikt als het wordt gebruikt voor het verbeteren van persoonlijke gezondheids- of welzijnsproblemen.

Sociale manipulatoren maken gebruik van afleidende technieken om af te leiden van belangrijke kwesties. Hun voorstellen zouden vermoedelijk iedereen ten goede komen, inclusief uw gezin en zijn toekomst; alle verschillende meningen zouden verkeerd en egoïstisch zijn – dit soort overreding behandelt individuen als kinderen; dit systeem probeert de menigte ervan te overtuigen dat alles wat fout ging hun verantwoordelijkheid was, dus luister goed wanneer advies van experts jouw kant op komt om een oplossing te vinden.

Een dergelijke politieke strategie zou het ene sociale vraagstuk naar voren brengen en het andere verhullen – om zo sociale onrust en paniek onder de bevolking te veroorzaken en de veranderingen teweeg te brengen die zij eisen. Een voorbeeld hiervan zou kunnen zijn wanneer een afdeling gezondheidszorgproblemen wil verbergen door het budget voor misdaadpreventie te verlagen en zo de misdaadstatistieken exponentieel te laten stijgen; informatie zal dan worden teruggekoppeld over oplossingen voor misdaadproblemen door politici die hun

waarheden en feiten verspreiden die misschien niet altijd accuraat zijn (dat wil zeggen misbruik van statistieken).
Sociale manipulatie kan jaren duren voordat het gewenste resultaat zich manifesteert.

Psychologische manipulatie is een integraal onderdeel van sociale beïnvloeding. Professor Preston Ni van Communicatiewetenschappen publiceerde een artikel in Psychology Today waarin hij deze techniek schetst waarbij de ene partij de zwakte van de andere partij onderkent voordat ze doelbewust een machtsevenwicht probeert te veroorzaken om slachtoffers uit te buiten voor persoonlijk gewin.

Maakt dit ons allemaal sociale marionetten? Gedeeltelijk. De meesten van ons voldoen aan de verwachtingen om anarchie in de samenleving te voorkomen.

Denk even na over welk product of gadget je het liefst zou willen kopen: heeft een vriend het voorgesteld of heeft hij er al een? Waarschijnlijker is het iets dat iemand anders al bezit of dat je online hebt zien adverteren, waardoor je er nog meer naar verlangt. Dit is gewoon een andere vorm van sociale manipulatie; we kunnen gemakkelijk overtuigd worden als we onze waakzaamheid laten varen; of dat goed of slecht is, is aan ieder individu om te beslissen.

Sociale manipulatie staat niet altijd gelijk aan slecht. Als het op de juiste manier wordt gebruikt, kan sociale manipulatie de samenleving als geheel ten goede komen. De inspanningen van gezondheidsspecialisten om ons ervan te overtuigen meer groenten en fruit te consumeren door middel van campagnes als de '5 a Day Campaigns', of zelfs campagnes tegen roken, waardoor het aantal rokers is gedaald, wat resulteert in lagere ziektegerelateerde risico's, zijn voorbeelden van succesvolle dwang. tactiek op zijn best.

Gaslighting - de wreedste vorm van manipulatie
Principes zoals de wetenschap dat u valse informatie krijgt, leiden ertoe dat deze uiteindelijk als waarheid wordt geaccepteerd.

Gaslighting is een onethische vorm van manipulatie; Gasaanstekers zorgen ervoor dat hun slachtoffers aan zichzelf gaan twijfelen en alle vertrouwen in zichzelf verliezen, wat er uiteindelijk toe leidt dat ze zichzelf verder in twijfel trekken. Dit leidt tot enorm lijden terwijl hun eigenwaarde wegslijt. Gaslighting heeft tot doel zijn doelwit te destabiliseren en psychologische schade voor hen aan te richten. Manipulators zullen hun doelwit voortdurend onderuit halen door hen tegen te spreken of hen ervan te overtuigen dat ze altijd ongelijk hebben; soms leiden ze hen op dit pad totdat ze er zelfs van beschuldigd worden leugens over zichzelf te verzinnen. Dit is de reden waarom slachtoffers alle zelfvertrouwen verliezen; Zodra dit gebeurt, worden ze volledig gecontroleerd door een dominante beïnvloeder - het is een voorbeeld van geestelijk misbruik dat vaak voorkomt in persoonlijke relaties met misbruik - waarbij voortdurend wordt geprobeerd om hun slachtoffer aan zichzelf te laten twijfelen en alles in twijfel te trekken wat ze zich herinneren te hebben gezegd of gedaan in eerdere interacties daarmee. beïnvloeder. Uiteindelijk worden zelfs de herinneringen zelf in twijfel getrokken door deze technieken die tegen hun slachtoffer worden gebruikt, door hen zelfs te laten twijfelen aan wat er al is gezegd en gedaan in eerdere interacties met die beïnvloeder.

Gaslighting heeft tijd nodig voordat het volledig effectief wordt; de dader zal hun slachtoffer geleidelijk uitputten, totdat ze uiteindelijk aan hun eigen gezond verstand gaan twijfelen en zich afvragen of er sprake was van manipulatie.

Dr. George Simon PhD is een klinisch psycholoog van een universiteit in Texas die mensen met problematische persoonlijkheden heeft bestudeerd. De resultaten van zijn onderzoek brachten hem tot de overtuiging dat bepaalde persoonlijkheden, vooral psychopaten, bedreven zijn in manipulatie; het verdraaien van feiten en het gebruik van agressieve taal om twijfel te zaaien in de hoofden van hun slachtoffers en hen aan zichzelf te laten twijfelen en uiteindelijk te geloven dat de manipulator gelijk heeft; uiteindelijk kwetsbare doelen onder zijn of haar controle worden.

Gaslighting beperkt zich ook niet tot individuen; het is ook gebruikt door politieke entiteiten. Maureen Dowd is zo'n auteur en columnist die deze tactiek gebruikt. Ze beweerde dat de regering van Hillary Clinton gasverlichtingstechnieken gebruikte tegen een tegenstander - Newt Gingrich van de tegengestelde politieke partij werd door deze technieken vaak ertoe aangezet hysterisch over te komen. Journalisten en psychologen geloven ook dat Donald Trump dergelijke methoden heeft gebruikt, zowel tijdens zijn presidentiële campagne als tijdens zijn ambtsperiode. Ze merken bijvoorbeeld op hoe vaak hij iets zegt voordat hij het later intrekt of ontkent het zelfs maar te hebben gezegd; die zij classificeren als klassieke gasverlichtingstechnieken. Je partner bedriegt en manipuleert je

Laten we eens kijken naar enkele voorbeelden van manipulatie die naar voren zijn gekomen in persoonlijke relaties. Misschien herken je enkele van deze kenmerken bij jezelf?

Manipulators zijn vaak geobsedeerd door controle; hoe meer macht ze bezitten, hoe dieper hun tanden in het slachtoffer gaan.

Ze zullen de persoonlijke grenzen van anderen schenden door handelingen als rondsnuffelen en spioneren, of door gedurfde openlijke acties te ondernemen. Om hen in staat te stellen dit te doen, mag u niets persoonlijks, zoals telefoons of computers, in uw bezit krijgen; uw wachtwoorden kunnen zelfs worden gestolen zonder dat u het weet. Ondertussen bewaken ze fel hun eigen grenzen als hun persoonlijke ruimte op de een of andere manier in gevaar komt.

Er kunnen krachtige acties plaatsvinden, zoals het voorkomen dat u bepaalde vrienden ziet, wanneer iemand weigert te delen wat uitsluitend aan hem of haar toebehoort, zoals u ervan weerhouden uw eigen sociale kring te bezoeken. In eerste instantie zullen ze hun afkeer van deze kennissen duidelijk maken, terwijl ze ze in hun hart als potentiële bedreigingen beschouwen; jaloezie neemt zijn beloop en kan zelfs agressief worden.

Als u beslissingen neemt zonder ze eerst te raadplegen, zullen ze niet tevreden zijn. Ze willen niet dat je je vrije wil uitoefent, anders kan het ertoe leiden dat je ze op een dag verlaat!

Controle kan in de vorm van advies komen; je hebt echter niet veel keus om het te accepteren. Ze geven instructies over wat u moet doen en hoe u moet handelen. Manipulatieve partners hebben de neiging om een grondige kennis van uw dagelijkse schema te willen en elke afwijking daarvan zal hen er waarschijnlijk toe aanzetten om u verder te onderzoeken. Mocht er iets gebeuren dat hen verrast, dan zullen ze daar zeker vragen over stellen.

Merk op dat ze vaak alles bekritiseren wat u in het openbaar zegt en uw meningen en gedachten kleineren als een manier om hun macht over u te laten gelden.

Deze mensen zijn niet alleen snel in het bekritiseren van je, ze doen vaak een stapje extra: ze beschuldigen je van liegen of slechte herinneringen; soms zelfs het lef om je manipulator te noemen!

Het beheersen van manipulatoren kan nooit tevreden zijn; als je denkt dat je die doelpaal hebt bereikt, verplaatsen ze hem nog een keer, waardoor je niet zeker weet waar je relatie precies staat.

Bent u verwikkeld in een gewelddadige relatie? Zonder twijfel zullen de relaties van manipulatoren waarschijnlijk ongelukkig zijn. Manipulators zijn vaak onvoorspelbaar en kunnen plotseling gewelddadig worden als hun regels worden overtreden.

Het verbreken van een gewelddadige relatie is nooit gemakkelijk, maar er zijn middelen die kunnen helpen. Zodra het veilig is om dit te doen, zoekt u online naar lokale organisaties die slachtoffers van misbruikende partners ondersteunen. Verwijder

ook uw browsegeschiedenis, want niets blijft privé voor een manipulator. In het begin stressvol, maar de noodzakelijke hulp moet onmiddellijk worden gezocht.
Je vrienden maken misbruik van je om je te manipuleren om hun bewegingen te maken.

Het kan ongetwijfeld een uitdaging zijn om banden te smeden in nieuwe omgevingen, en soms kan dit proces zelfs intimiderend of vijandig aanvoelen! Wanneer dit echter gebeurt, voelen mensen zich vaak als een vis in het water; deze gevoelens van vervreemding mogen nooit genegeerd worden! We hebben allemaal vrienden nodig in het leven, en leren hoe we ze kunnen aantrekken moet worden gezien als een essentiële vaardigheid die alle individuen bezitten. Mensen zijn van nature sociale dieren en zoeken gezelschap van anderen - er zijn maar weinig uitzonderingen op die regel!

Vrienden selecteren - Creëer een ideaal profiel van wat voor soort vrienden je zou willen.

Hier zijn drie brede categorieën vrienden:

Hallo en afscheid van mijn kennissen (vrienden).

Mensen die je ontmoet in gemeenschappelijke omgevingen (zoals op het werk) hebben de neiging bijna automatisch je vrienden te worden, bijvoorbeeld door hallo en tot ziens te zeggen tijdens een ontmoeting; Eenmaal buiten deze gedeelde ruimte blijven deze vrienden (die misschien alleen maar kennissen zijn) zelden betrokken bij deze interacties; Hoewel het leuk is om ze te kennen en waar nodig gebruik te maken van hun vaardigheden, hoeven ze niet noodzakelijkerwijs tot je echte bondgenoten te behoren (de Grieken geloven dat je echte vriendschappen maar op één hand kunt tellen - iets om in gedachten te houden!).

Drinkmaatjes, golfpartners en winkelgenoten - leuke vrienden komen en gaan in het leven. Ze delen met u de dingen die het leven leuk maken, omdat ze er zelf van genieten, vaak lachen en plezier beleven aan het doorbrengen van tijd in elkaars gezelschap. Hoewel zulke vrienden niet noodzakelijkerwijs lange gesprekken voeren over de betekenis van het leven of de realiteit van de klimaatverandering, worden deze losse sociale verbindingen die zich in de loop van de tijd vormen, waardevolle metgezellen.
Iedereen houdt van plezier maken, dus als de gelegenheid zich voordoet, heeft iedereen samen een plezierige ervaring - hoewel er weinig diepgang is in hun relatie met jou.

Zielvrienden
Dit zijn je telefoonvrienden om 3.00 uur - van wie je erop kunt rekenen dat ze klaar staan en bereid zijn om te praten als je hun slaap om 3 uur 's nachts verstoort! Met deze mensen aan je zijde tijdens een roadtrip vermoord je elkaar niet voordat je Route 66 hebt bereikt!

Lange, betekenisvolle gesprekken, gedeelde geheimen en wederzijdse steun bepalen deze vriendschappen. Mensen die aan je zijde blijven, door dik en dun, zijn echte zielsverwanten; deze individuen begrijpen u goed, terwijl u hun vriendelijkheid in natura beantwoordt. Sommige vrienden kunnen er zijn vanaf de geboorte tot aan de dood, terwijl andere je onderweg tegenkomt. Wat deze vriendschappen onderscheidt van vriendschappen die in de loop van de tijd vervagen of van gemiddelde metgezellen, is hun diepgaande relatie. Zielvrienden zijn moeilijk te vinden en als we elkaar weer ontmoeten, kan het voelen alsof er helemaal geen tijd is verstreken. Je gaat verder waar je gebleven was omdat je elkaar zo goed kent; alsof het lot voorbestemd had dat dit jouw vrienden zouden zijn. Zielsverwanten weerspiegelen onze identiteit en wat belangrijk is in ons leven; bovendien zijn ze er als je iemand nodig hebt, omdat ze precies weten wie we zijn.

Het vormen van echte vriendschappen kost tijd.

Echte vriendschappen ontstaan niet van de ene op de andere dag. In de loop van de tijd ontstaan er duurzame en intieme vriendschappen door echte chemie tussen de betrokkenen. Net als romantische relaties zijn echte vriendschappen afhankelijk van dezelfde fundamentele chemische uitwisseling die rechtstreeks tot beide betrokken partijen spreekt – als een innerlijk lied dat beide rechtstreeks aanspreekt. Je weet wanneer het echt is, omdat deze banden niet zichzelf vormen; het zijn eerder bestaande realiteiten die je herkent en waarnaar je handelt. Wanneer echte zielsvrienden voor het eerst in je leven komen, zal de impact ervan onmiskenbaar zijn: je zult meteen weten dat iemand met wie je meteen verbinding maakt, voor hen bedoeld is (en is)!
Soul Friends kunnen een rol van onschatbare waarde spelen in je leven tot het einde, zowel fysiek als spiritueel. We weten dat ze er zijn, wetende dat we de telefoon kunnen opnemen en op elk moment kunnen bellen om te zien of ze klaar zijn om te chatten; deze vrienden maken het leven echt de moeite waard! Dat maakt ze bijzonder en ongelooflijk essentieel.

Hoewel het gemakkelijk is om onze zielsvrienden op het eerste gezicht te herkennen, kan de wereld dit vaak moeilijk maken. Maar als ze eenmaal gevormd zijn, blijven zielsvrienden volhardend ondanks het wantrouwen van onze cultuur: ze zullen het zoeken naar jou niet opgeven en ze zullen niet stoppen met proberen; Na verloop van tijd zal de band tussen jullie onverwoestbaar worden en zul je een bondgenoot voor het leven hebben gemaakt.

Zo kunt u bedreven worden in het maken van nieuwe kennissen:

Heb je te veel nagedacht
Heeft u zich ooit ongemakkelijk gevoeld bij het ontmoeten van iemand, maar voelde u zich al snel op uw gemak in hun aanwezigheid nadat u hem slechts twee minuten had ontmoet? Bedenk dat het ontmoeten van een nieuwe persoon geen idee geeft van zijn karakter of gedrag; daarom zou het nutteloos zijn om alles te overanalyseren?

En nogmaals, de veronderstelling dat het ontmoeten van nieuwe mensen eng zal zijn, zorgt er alleen maar voor dat je op dat moment bang wordt en kan het ontmoeten van een nieuw iemand veranderen in iets dat je niet leuk vindt of helemaal niet leuk vindt. Als we ons verlegen voelen tegenover mensen, komt dat meestal door angst die ons ervan weerhoudt betekenisvolle relaties aan te gaan die een leven lang meegaan. Slechte ervaringen met andere mensen belemmeren dit groeiproces aanzienlijk; daarom is het van cruciaal belang dat we deze illusie van enge ontmoetingen zo snel mogelijk wegnemen! Om deze tendens tegen te gaan en ervoor te zorgen dat we zinvolle banden aangaan, moeten we alle aannames over het ontmoeten van mensen opgeven. Dit zal ons bang maken, op onze hoede zijn of er een hekel aan hebben. Maak jezelf los van dit idee, zodat je vrij bent en klaar bent om zinvolle, langdurige banden aan te gaan die blijvend zouden moeten zijn. levenslang. Het zou dus het beste zijn als we onszelf uit de illusie zouden halen dat iemand ontmoeten ons op onze hoede zal maken of dat er weerzinwekkende ontmoetingen zullen plaatsvinden; meestal leidt dit ons langs deze route van ons ongemakkelijk of verlegen voelen tegenover iemand (of een ontmoeting die plaatsvindt). Het leven brengt ons in individuele silo's van isolatie waardoor we achterdochtig worden, het leven moeilijk maken en het proberen om duurzame verbindingen tot stand te brengen kan tientallen jaren duren! De oplossing hierin ligt in het ontmaskeren van de mythe dat het ontmoeten van iemand het ontmoeten van iemand of wie dan ook nieuw zal maken. Probeer in plaats daarvan jezelf te ontdoen van het idee dat het ontmoeten van iemand betekent dat je ronduit bang voor hem of haar bent, terwijl je het idee ontmoet dat het ontmoeten van een nieuw iemand betekent dat je überhaupt iets moet doen. ...
Het ontmoeten van vreemden kan ontmoedigend zijn, dus denk niet langer na over hoe u dat eerste gesprek moet aanpakken; hoe u betekenisvolle verbindingen kunt opbouwen die uw leven kunnen verrijken. Als we deze belangrijke relaties te veel overdenken, zou dit ertoe kunnen leiden dat we eenzame en geïsoleerde mensen blijven die nooit echt op een authentieke of duurzame manier met elkaar in contact komen, zoals het de bedoeling is dat mensen dat doen.

Wie weet of de andere partij zenuwachtig is om u te ontmoeten? In deze onzekere tijden voelen de meesten van ons zich wantrouwend tegenover elkaar en vragen zich af of iemand die we tegenkomen echte motieven en intenties heeft als we hem ontmoeten. Hoogstwaarschijnlijk doen ze dat; Het vertrouwen tussen individuen is verloren gegaan.

Ontspan en vorm in gedachten een positief beeld van die eerste ontmoeting; eentje die gezondheid uitbeeldt. Helaas kunnen velen u op het eerste gezicht oneerlijk beoordelen. Iedereen draagt culturele veronderstellingen met zich mee over wat de moeite waard is om te weten. Waarschijnlijk ook. De sleutel om jezelf open te stellen voor anderen en het universum je te laten verbinden, is jezelf openstellen en dingen organisch laten ontvouwen - dit doet wonderen! Vrienden die het waard zijn om te hebben, zijn zich ervan bewust dat het onverstandig is om oordelen uitsluitend op oppervlakkige kenmerken te baseren. Angst huist alleen in onze geest – verwijder het! Zet alle vooroordelen en angsten opzij en vertrouw in plaats daarvan op uw intuïtie om mensen effectief te kunnen lezen. Vertrouw op jezelf en je kennis - je hebt genoeg over mensen geleerd om te herkennen of ze eerlijk zijn of niet, door hun maniertjes, spraakpatronen en non-verbale indicatoren te lezen die onthullen wie ze werkelijk zijn. Vertrouw op jezelf en vertrouw op jezelf; er valt niets te vrezen; geen behoefte aan argwaan of aarzeling!

Nu ben je meer dan bereid om met je hoofd in sociale interacties te duiken en gelijkgestemde individuen als vrienden te vinden. Je nieuw verworven vaardigheden door het beoefenen van de sociale psychologie zouden de zoektocht veel eenvoudiger moeten maken.
Bepaal heel snel wie slecht en wie goed is. Hoewel de Grote Boze Wolf misschien nog steeds bestaat, ben je een bekwaam en bekwaam sociaal bewust individu geworden; niet langer kwetsbaar om voor de gek te worden gehouden door iemand die u in de war brengt. Uw nieuwe kennis maakt het eenvoudig voor u om te onderscheiden wie van degenen die u ontmoet uw echte vrienden zou kunnen worden; geen giswerk meer hier - nu je de kneepjes van het vak begrijpt!

Beweeg in uw eigen tempo
Als u gedurende een langere periode geen sociaal contact heeft gehad, kan het ontmoeten van nieuwe mensen beangstigend zijn als u weer aan de slag gaat (bijvoorbeeld tijdens een seminar of feest). Doe het in uw eigen tempo U kunt dat dilemma echter vermijden door vrienden of kennissen op te zoeken waarvan u weet dat ze aanwezig zullen zijn bij een aankomend evenement en met hen af te spreken voordat u het bijwoont - dit zal u geruststellen wanneer u opnieuw in sociale situaties terechtkomt. Tegen de tijd dat u bij een gebeurtenis arriveert, zou uw angst aanzienlijk

moeten zijn afgenomen. Als u weet dat er iemand aanwezig zal zijn, kunt u mogelijk kennismaken met anderen, terwijl uw vrienden waarschijnlijk de spanning die u voelt zullen voelen en er als steun zullen zijn. Wees nooit terughoudend om iemand die u kent om hulp te vragen; daar zijn vrienden voor! Zoals we in dit boek hebben ontdekt, bieden ze ondersteuning van onschatbare waarde!

Wilt u een sociaal leven herstellen nadat u geïsoleerd bent geweest? Hier zijn enkele effectieve oplossingen om de overgang gemakkelijker te maken:

Begin door contact op te nemen met kennissen - hallo tot ziens is een gemakkelijke eerste stap met minimaal risico.

Breid je sociale kring uit met kleine groepen vrienden die je al hebt; eenvoudigweg om te observeren hoe mensen zich verhouden; weer de gewoonte aannemen om in groepen met mensen om te gaan zonder dat het intimiderend of intimiderend aanvoelt. Het hoeft niet intimiderend te zijn; doe het rustig aan.
Breid uw sociale kring uit door u bij uw vrienden aan te sluiten bij bijeenkomsten die zij met nieuwe mensen bijwonen. Als ze horen dat je weer een actief sociaal leven wilt leiden, helpen de meesten je graag!

Stap buiten uw comfortzone en accepteer uitnodigingen om te socialiseren met mensen buiten uw gebruikelijke kennissenkring. Ze zeggen dat het zoetste fruit aan de rand ligt, dus stap eruit! Geniet van nieuwe ervaringen met nieuwe mensen terwijl je meer over jezelf en anderen leert - waarom zouden mensen niet iemand willen ontmoeten die zo fascinerend en intelligent is als jij?

Wees proactief in het socialiseren! Ga actief om met het ontmoeten van nieuwe mensen.

Zodra u zich op uw gemak voelt bij het hervatten van sociale contacten en u zich niet langer geïsoleerd voelt van anderen, kunt u proactief op zoek gaan naar mensen die u al kent, maar ook naar nieuwkomers. Vrienden en kennissen vormen de basis van sociale verbinding, maar je moet je verder uitbreiden naar gebieden die misschien onbekend zijn, zoals:

Sluit je aan bij een groep die jouw hobby's en andere interesses deelt.

Schrijf je in om deel te nemen aan workshops of om opleidingen te volgen die je aanspreken, zoals workshops of opleidingen die een gedeelde interesse hebben. Het zal gemakkelijk voor je zijn om vrienden te maken in zulke groepen waar alle leden gemeenschappelijke doelen delen.

Doe vrijwilligerswerk en je zult merken dat je het leuk vindt om te dienen terwijl je tegelijkertijd nieuwe vrienden maakt. Niet alleen dat, maar vrijwilligerswerk biedt de perfecte manier om vaardigheden en bekwaamheden te ontwikkelen die je misschien hoopte aan te scherpen. Net als bij workshops of groepen zorgt het delen van een interesse voor een gemeenschappelijk verbindingspunt tussen leden van de vrijwilligersgroep - en vrijwilligerswerk is niet anders!
Accepteer uitnodigingen voor verjaardagsfeestjes, sociale evenementen en andere bijeenkomsten waar mensen met wie u contact wilt maken, elkaar kunnen ontmoeten. Doorbreek alle barrières die de mensen die je wilt ontmoeten ervan kunnen weerhouden naar voren te komen.

Woon sociale evenementen en 'ontmoetingen' bij, met mensen die dezelfde interesses delen. Bovendien kan het helpen om regelmatig naar bars te gaan; er zijn overal mensen die gewoon op zoek zijn naar iemand die interessant is om mee te praten; misschien willen zij net als jij ook een uitweg uit hun isolement of sociale stagnatie! Jij bent de enige die verantwoordelijk is voor het verbreden van je horizon; niemand anders zal die voor je naar buiten duwen.

Sluit je aan bij online communities - deze kunnen virtueel zijn, maar ik weet uit persoonlijke ervaring dat ze tot echte vriendschappen kunnen leiden. Ik heb bijvoorbeeld veel echte vrienden ontmoet via Facebook en andere online communities; soms maakt het schriftelijk delen van uw gedachten communiceren gemakkelijker dan mondeling; dit kan helpen om duurzame verbindingen tot stand te brengen die verder gaan dan een eerste ontmoeting! Bovendien kun je de schrijfstijl van potentiële nieuwe vrienden analyseren voordat je ze daadwerkelijk ontmoet!

Het initiatief nemen
U hoeft niet te wachten totdat mensen u benaderen; Ze kunnen tenslotte net zo gereserveerd zijn als jij. Niemand is geboren en kent iemand behalve familie; zelfs dan kan het ontmoeten van mensen vaak een schot in de roos zijn. Benader mensen eenvoudig met eenvoudige vragen als 'hoe gaat het' en 'waar kom je vandaan'. Openstaan voor de mensen om je heen zal een ongelooflijk verschil maken in hoe gemakkelijk mensen zich voor je openstellen!

Bedenk dat je het ijs tussen jezelf en een vreemde probeert te breken, dus praat niet te veel. Wees vriendelijk, maar niet opdringerig, en raak niet gefrustreerd als anderen niet onmiddellijk reageren; stel jezelf waar mogelijk in hun plaats.
Gebruik de lessen uit dit boek om te evalueren waar ze staan, en ontmoet ze daar. Wees voorzichtig bij het beoordelen van anderen - iedereen beoordeelt op een

gegeven moment iedereen! Neem de tijd voor afspraken tussen individuen waarbij beide deelnemers hopen op wederzijdse openbaring.

Wijs elke verleiding af om veroordelend te worden.

Niemand is perfect - en dat geldt ook voor jou. De menselijke natuur brengt ons ertoe mensen behoorlijk hard te beoordelen voordat we ze leren kennen, wat voortkomt uit ons overlevingsinstinct en ons vertelt degenen te vermijden die ons mogelijk in gevaar zouden kunnen brengen. Maar moderne mensen hebben effectievere hulpmiddelen tot hun beschikking, waaronder non-verbale taalvaardigheden waarmee ze mensen kunnen identificeren die niet passen bij wat ze zoeken in een metgezel.

Open blijven voor degenen die we tegenkomen is de toegangspoort tot diepere vriendschappen, omdat het ons helpt de stijl, het uiterlijk of de houding van anderen beter te accepteren. Het niet afwijzen van mensen vanwege kleine eigenaardigheden is de sleutel tot meer acceptatie van wie onze kring kan betreden - dat is het geheim! Soms wordt de meest onwaarschijnlijke persoon na verloop van tijd onze trouwste vriend. Iedereen zoekt naar vriendschap, maar moet zich voortdurend afvragen of we aan onze eigen criteria voldoen voordat hij vrienden selecteert om zijn leven mee door te brengen. Zoals ik in dit boek herhaaldelijk heb gezegd: jezelf kennen is de sleutel tot het kennen van anderen. Vergeet niet om je eigen uitdagingen aan te pakken voordat je potentiële vrienden afwijst vanwege die van hen!

Mensen zijn emotionele wezens met weinig aandacht voor logica of rationaliteit, waardoor ze beslissingen meer nemen op basis van emoties dan op basis van logica en redeneervermogen. Dat zie je terug in de berichtgeving in de media; vaak portretteren of rapporteren van incidenten met emotionele vooroordelen die soortgelijke reacties bij het publiek zouden kunnen uitlokken wanneer ze naar hen worden uitgezonden.

Een belangrijk element om te begrijpen hoe mensen op overtuigingskracht reageren, ligt in emoties. Emoties bieden overvloedige energie waarmee we elke taak kunnen voltooien; zelfs verkopen wordt bepaald door emotionele stimuli die tijdens presentaties worden gegenereerd; het maakt niet uit hoe logisch je dingen presenteert; uiteindelijk moet de prospect uw product kopen vanwege zijn reacties tijdens die gesprekken.

Aan de andere kant vertrouwt logica op feiten en cijfers; dat is de grondgedachte en redenering achter elk probleem dat voorhanden is. Helaas voor verkopers die uitsluitend op logica vertrouwen bij het verkopen van producten en diensten; als hun filosofie sterker op emoties berust, zal de verkoop gemakkelijker en succesvoller verlopen.

Gelooft u dat mensen rationele wezens zijn? Op basis van welke logica-dictaten worden beslissingen en meningen gevormd? Reageert de mens anders, afhankelijk van de voortdurend gepresenteerde feiten? Dit zijn allemaal essentiële vragen voor een onderzoekend persoon om inzicht te krijgen in de manier waarop emoties en logica op elkaar inwerken en andere mensen op een positieve manier positief beïnvloeden. Uw vermogen om op emotionele wijze logische informatie over te brengen, zal meer reacties bij uw publiek uitlokken dan alleen het doorgeven van feiten en logica zonder emotionele weerklank, wat onvermijdelijk resulteert in geen positieve reacties van luisteraars. De rede overtuigt mensen, terwijl emotie iemand motiveert om beslissende actie te ondernemen die geweldige resultaten oplevert.

Laten we eens kijken naar een paar manieren waarop u anderen kunt beïnvloeden door een combinatie van emoties en logica, zoals:

Creëer een gemeenschappelijke identiteit met anderen

Eén manier om mensen te controleren is door een goede verstandhouding op te bouwen en zoveel mogelijk overeenkomsten met hen te vinden. Een populair idioom luidt: "Er zijn twee mensen nodig om in de war te raken", dus om iemand te beïnvloeden moeten beide betrokken partijen vergelijkbare doelen, ervaringen en ideeën delen - op deze manier wordt het veel gemakkelijker. Gemeenschappelijke gronden in partnerschappen of relaties zijn doorgaans gemakkelijker wanneer mensen een vergelijkbare identiteit delen, dan dat culturen een extra laag vormen. Wanneer we overeenkomsten in karakter creëren, worden we verenigd door gedeelde doelen en doelstellingen, emotionele steun van elkaar, logica van gedeelde overtuigingen en gedeelde collectieve visie, missie wordt realiteit.

Een diepgaand onderzoek naar het geloofssysteem van uw partner

Je kunt geen diepgaande of wederzijds bevredigende relatie hebben met iemand die je niet volledig begrijpt in termen van persoonlijkheidskenmerken en andere noodzakelijke psychologische neigingen. Door hun geloofssysteem echter diepgaand te bestuderen, kunt u ze beter begrijpen en ze geleidelijk in uw voordeel beïnvloeden.

Zoeken naar manieren om hun vooroordelen te erkennen

Het beïnvloeden van iemand met andere overtuigingen is vaak moeilijk, ongeacht de kwaliteit van je logica. Zoek in plaats daarvan naar effectieve strategieën om zijn vooroordelen aan te spreken door de vooroordeelkaart effectief te spelen. Hoe kan je dit doen? Door hem rechtstreeks over deze zaken te betrekken.
Om iemand aan te trekken, moet je de ideeën en punten van je voorkeur ontdekken en deze vervolgens presenteren. Met deze aanpak zal uw doelwit zich bij u ontspannen voelen en waarschijnlijker toegang krijgen tot zijn of haar privéleven.

Vermijd vechten of vluchten in uw discussies

Het beïnvloeden van mensen met behulp van logica en emotie werkt het beste wanneer vergaderingen en discussies worden gevoerd zonder gevallen van vecht-of-vluchtgedrag, zoals conflicten en misverstanden in relaties die leiden tot vluchten of vechten. Op zulke momenten wordt de rationaliteit verkeerd geïnterpreteerd, worden doelen niet bereikt en kunnen argumenten geen vooruitgang boeken in een sfeer van vechten of vluchten.

Het doel van een deskundige manipulator is om een ongezonde langetermijnrelatie met zijn doelwit op te bouwen en volledige controle over hem of haar te behouden, wat alleen henzelf ten goede zal komen. Een effectief partnerschap vereist gelijke steun tussen de deelnemers. Als een partner altijd meer lijkt te bieden, kan dat een veelbetekenend teken zijn dat uw partner misschien niet eerlijk is over zijn bedoelingen in uw relatie. Psychologische manipulatie vindt plaats wanneer een partij probeert een machtsevenwicht te creëren met als doel misbruik te maken van een andere persoon. Manipulatie kan zich op verschillende manieren manifesteren, maar één rode draad tussen alles is dat één individu, de manipulator, er voordeel uit zal halen, terwijl een ander individu – meestal bekend als het slachtoffer – geen schade kan worden toegebracht. Sommige mensen raken betrokken bij relaties zonder te beseffen dat ze in een giftige relatie terecht zijn gekomen. Op het eerste gezicht lijkt hun partnerschap misschien onschuldig, zonder enige aanwijzing dat hen later stress en complicaties te wachten staan als ze met de manipulator te maken krijgen. Dwangmethoden zoals deze stellen manipulatoren in staat hun doelwit te bereiken en de controle over te nemen zonder hen persoonlijk te kennen. Natuurlijk zouden relaties niet beginnen met drama of het wegnemen van autonomietactieken van een manipulator; als ze aan hun doel begonnen, zouden ze helemaal een andere kant op gaan; Na verloop van tijd kan dit soort aanpak effectief worden naarmate er meer tijd verstrijkt.

Het aanvankelijke aandachtzoekende gedrag zal waarschijnlijk geen problemen veroorzaken; Wanneer hun doel echter zeer persoonlijk en belangrijk voor hen beiden wordt, kan dit een aantal obstakels voor vooruitgang opleveren.
Op dit punt begint de manipulator strategieën te veranderen. Deze verandering zal niet van de ene op de andere dag plaatsvinden, maar kan enkele weken duren om de doelstellingen op tijd te bereiken. In dit stadium is hun focus misschien zo gericht geworden op het in stand houden en versterken van het huwelijk, dat eventuele problemen of misbruik gemakkelijker dan voorheen over het hoofd worden gezien.

Blijkbaar zijn er bepaalde indicatoren die erop wijzen dat iemand een manipulator in uw relatie is. Het is verstandig om deze signalen te controleren als u vermoedt dat iemand in uw huwelijk giftig is en problemen veroorzaakt of mogelijk door krachten van buitenaf wordt gebruikt als beïnvloeder of manipulator:

Manipulators zullen je op verschillende manieren aanmoedigen om buiten je comfortzone te treden, waarbij sociale druk, fysiek geweld en psychologische manipulatie allemaal worden gebruikt als wapens om belangen af te leiden van wat ze zouden moeten nastreven. Zij worden degene die de touwtjes in handen hebben en zorgen ervoor dat hun belangen niet met elkaar overeenkomen. Zij worden degene die tijdens deze reis macht over jou heeft.

Zodra uw zelfvertrouwen begint af te nemen, wordt manipulatie gemakkelijker voor iedereen die misbruik van u probeert te maken. Ons vertrouwen wordt snel van ons afgenomen, omdat manipulatoren er snel misbruik van maken door ons het gevoel te geven dat we niet zo geweldig zijn en onze zwakheden te gebruiken voor persoonlijk gewin.

Geheime behandeling. Bij deze techniek neemt men elke kleine minachting van de manipulator en vergroot deze om een onaangename situatie voor zichzelf te creëren en zijn doel te bedreigen. We maken gebruik van stille behandeling door e-mailwaarschuwingen, voicemailmeldingen, sms-berichten en e-mails te verstrekken totdat we deze uiteindelijk beëindigen wanneer dat nodig is. Erin slagen om alles onder controle te houden en tegelijkertijd te weten wanneer de stiltebehandeling is afgelopen, kan alleen maar meer problemen voor henzelf en alle betrokkenen met zich meebrengen.

Reis van berouw. Niemand houdt ervan zich verantwoordelijk te voelen, dus als we schuldgevoelens ervaren, doen we ons uiterste best om dit zo snel mogelijk te verlichten. Een manipulator weet dit heel goed en zal elk excuus gebruiken dat hij kan vinden om zijn daden weg te redeneren.
Ongezonde huwelijken raken vaak verwikkeld in onopgeloste conflicten die om verschillende redenen onopgelost blijven, waarbij er geen contact tussen partners plaatsvindt en de manipulator niet de intentie heeft om conflicten opzettelijk op te lossen. Als dat uw situatie is, zou het waarschijnlijk gemakkelijker en beter zijn als u zou doen alsof de dialoog is begonnen of geëindigd, in plaats van samen te werken om dit probleem op te lossen.

Nu kunnen we beseffen dat deze benadering van het huwelijk niet ideaal is. Niemand wil zich gevangen voelen in een relatie waarin een ander individu altijd de controle over ons leven lijkt te hebben en beslissingen voor ons neemt, in plaats van dat ons leven onafhankelijk door onszelf wordt beheerd. Dus zonder optimaal voordeel uit onszelf te halen, moeten we iemand vinden die deze strategie ondersteunt, zonder dat we misbruik van onszelf maken. Voordat we echter te snel vooruit gaan, moeten we eerst enkele belangrijke vragen beantwoorden om vast te stellen of onze partner inderdaad manipulatief is. Zodra we deze handleiding hebben doorgenomen, zou u een beter idee moeten hebben of uw vriendschap dwingend is of niet. Sommige maatregelen die u kunt nemen om uzelf te beschermen zijn het erkennen van uw rechten als een van deze partnerschappen zich voordoet. Omdat vriendschappen zich in de loop van de tijd kunnen ontwikkelen, kan het een uitdaging worden om te onthouden hoe je voor jezelf kunt opkomen als je behoeften door een manipulator worden genegeerd. U mag nooit vergeten dat uw fundamentele rechten altijd moeten worden gerespecteerd en gerespecteerd. Je beschikt over verschillende vrijheden, zoals het respecteren van anderen, het vrijelijk uiten van meningen en verlangens, het stellen van persoonlijke doelen zonder beïnvloed te worden door een ander en nee zeggen tegen anderen. Bovendien kan het hebben van een andere mening dan iemand anders psychologische, mentale en emotionele veiligheid garanderen en een vervullend leven mogelijk maken, onafhankelijk van een ander individu, indien gewenst.

Deze privileges kunnen u op de lange termijn door manipulator(en) worden ontnomen. Door controles in stand te houden die effectieve besluitvorming mogelijk maken en te handelen op basis van wat zij zeggen, helpen deze voordelen de controles in stand te houden. Maar voordat u zich opnieuw in een situatie begeeft, moet u vooruit denken. Wanneer u ermee wordt geconfronteerd, wees dan oplettend. Neem uw eigen advies serieus als u zich uitspreekt tegen een autoriteitsfiguur die wil dat u tegen zijn wensen in handelt.
Claim je vrijheden terug, haal diep adem als je met een manipulatieve vriend praat, en probeer het. Alleen jij bent de meester van je leven; dus blijf weg. Wegblijven is de sleutel als je te maken hebt met vrienden van manipulatoren - doe wat nodig is om uit de buurt te blijven! Het is vaak de beste praktijk om ze op afstand te houden. Als dit te laat is, probeer dan in ieder geval wat ruimte tussen jullie beiden te creëren. Door hen nog een kans te geven om over u te leren, uw kwetsbaarheden te beoordelen en plannen te bedenken om toekomstige ontmoetingen met oneerlijke mensen uit te buiten, geeft u hen alleen maar meer kansen om van u te profiteren en uw toekomstplannen te exploiteren. Het wegblijven van oneerlijke individuen is de eerste en enige effectieve verdediging. Wanneer u een prikkel voelt om te veranderen, volg dan de tegenovergestelde koers. Houd er rekening mee dat manipulatoren proberen u een slecht gevoel te geven, in een poging u te helpen herenigen en u opnieuw in hun voordeel te gebruiken. Het zou in uw eigen belang zijn om uit de buurt van deze mensen te blijven; trap niet in hun val door medelijden met jezelf te krijgen of hun zaak te steunen.

Een bijkomend aspect van het gedrag van manipulators is het misbruiken van uw kwetsbaarheden. Zodra hij of zij uw kwetsbaarheden kent, kan hij of zij deze volledig tegen u uitbuiten, waardoor u zich onbekwaam voelt en uzelf vaak straft voor de door hen veroorzaakte verwarring, waardoor het gemakkelijk wordt om uzelf de schuld te geven en uzelf vaak voortdurend te straffen naarmate de straf van hen toeneemt. Ze weten dat ze hierdoor zo lang mogelijk de controle kunnen behouden door voortdurend van doel te veranderen, zodat je nooit de door jou gestelde normen bereikt. Hierdoor ontstaat onvergeeflijke verwarring waardoor ze hun beoogde bestemmingen kunnen blijven bereiken.

Laat deze manipulatie niet doorgaan. We proberen u te gebruiken en u de schuld te geven van welke tekortkomingen er ook zijn, zodat u zich slecht blijft voelen en bevestiging van hen zoekt om u beter te voelen. Pas op voor de beweringen van de manipulator dat al deze schuld alleen bij jou ligt – niets hiervan is echt jouw verantwoordelijkheid; alles wordt gedaan om u zich slechter te laten voelen. Door het bedrijf en uw privileges waarschijnlijker te maken, te weten waarom en nee te leren zeggen, zal de controle van een manipulator over u afnemen. Weten waarom, ja en leren nee te zeggen zijn fundamentele rechten die we eerder hebben besproken, maar toch slagen velen er niet in deze elke dag uit te drukken. Weten wanneer het jouw tijd is, betekent meer controle voor alle betrokkenen! Weten wanneer het jouw beurt is, vereist wat leren als je wilt voorkomen dat je deel gaat uitmaken van hun manipulatieschema. Weten waarom ja ja betekent, maar leer indien nodig nee zeggen. Het doel van partnerschapsmanipulatoren is altijd ja te zeggen, ondanks de informatie en strategieën die ze tegen je gebruiken, als dat hen op hun gemak stelt, ja te zeggen als dingen niet hoeven te worden uitgedrukt - het begrijpen van dit fundamentele recht moet worden uitgebreid, omdat dit fundamentele recht op veel fronten kan worden verwaarloosd tijdens het spreken Er wordt niet genoeg aandacht aan besteed of er wordt niet elke dag geoefend, hetzij door middel van manipulatietechnieken, hetzij op een andere manier niet in het dagelijks volledig communiceren ervan wanneer dat nodig is.

Als we bang zijn iemands gevoelens te kwetsen en bang te zijn dat zijn/haar houding verandert als we hulp weigeren, kan het zeggen van 'ja' ons vaak aan het huilen maken; er is veel moed voor nodig om 'ja' te zeggen tegen iemand anders! Helaas gebeurt dit vrijwel regelmatig. Stel je voor dat je te maken hebt met een manipulator. Weten hoe u zich tegenover hen kunt laten gelden, kan in het begin een uitdaging zijn, maar als u weet hoe u zich effectief kunt uitspreken tegen hun manipulatie, krijgt u de macht over uw situatie terug. Niet iedereen zal die beslissing leuk vinden en je moet vechten om je onafhankelijkheid te behouden. 'Nee' zeggen zonder enige spijt te voelen, zal in het algemeen een vrijere en gezondere levensstijl mogelijk maken; Het hebben van giftige relaties mag nooit als iets positiefs worden gezien. Samenwerken met manipulatoren houdt in dat je een relatie aangaat die afhankelijk is van het voldoen aan hun behoeften, met mogelijke verliezen voor beide partijen op termijn. Helaas zorgt de training om op deze manier te denken ervoor dat ze zich er niet van bewust zijn dat ze dergelijke relaties aangaan totdat het te laat is. Stap één bij het oplossen van een huwelijkscrisis zou moeten zijn: leren hoe u tekenen van bedrog, dwang of andere moeilijkheden kunt herkennen die uw relatie kunnen teisteren. Het ondergaan van een huwelijk kost tijd en moed, vooral omdat het voornaamste doel lange tijd het opbouwen van zelfvertrouwen en eigenwaarde in moeilijke tijden is geweest. Maar als alles met succes samenkomt en het doelwit eindelijk zijn of haar droom verwezenlijkt, kunnen de beloningen aanzienlijk zijn.

Leer waar je staat en versterk deze; dan zie je misschien dat het leven verandert zonder dat je een externe bron hoeft te gebruiken om het voor hen te doen.

Overtuiging Wanneer mensen proberen te begrijpen wat het betekent met 'overtuiging', lopen hun antwoorden vaak enorm uiteen. Terwijl sommigen hun gedachten misschien richten op advertenties of reclamespots die consumenten aanmoedigen bepaalde producten of diensten boven andere te betuttelen, kunnen anderen zich richten op politici die proberen de mening van kiezers te veranderen om zo een extra stem te winnen bij de stembus. Beide voorbeelden dienen het doel. van overtuiging. Beide vormen zijn geldige voorbeelden, omdat deze berichten proberen de perceptie van mensen over de onderwerpen die ter discussie staan te veranderen.

Duistere overreding verschilt van normale overreding doordat de motivatie ervan niet altijd ten goede komt aan degenen die overgehaald worden; Normale overtuigers proberen te overtuigen voor het welzijn van degenen die overtuigd worden, terwijl duistere overtuigers vaak op zoek zijn naar winstgevende motivaties die niet altijd gunstig zijn voor degenen die overtuigd worden. Een duistere overtuiger moet volledige kennis en begrip verwerven van wie hij ook maar wil beïnvloeden, om te kunnen identificeren wat hem het meest effectief motiveert voordat hij zich overgeeft aan enig overredings- of overredingsgedrag van die persoon voordat hij verder gaat met tactieken of overredingstactieken, indien passend.

Hoewel overreding altijd morele gevolgen heeft, hebben duistere overtuigers de neiging zich daar niet al te veel zorgen over te maken. Hoewel ze zich hiervan bewust zijn, blijft hun focus volledig gericht op het bereiken van hun doelstelling(en).

Overtuiging is een alledaags psychologisch fenomeen. Jij kunt degene zijn die iemand anders overtuigt of overgehaald wordt, waarbij motivatie de sleutel is. Overtuiging speelt een grote rol in de massamedia, de politiek, de reclame en juridische beslissingen; de effectiviteit ervan wordt bepaald door verschillende methoden die worden gebruikt voor overreding en die het onderwerp ervan beïnvloeden. Overtuiging onderscheidt zich als een andere en essentiële vorm van geestbeheersing dan hersenspoeling en hypnose, waarbij beide subjectisolatie vereisen om hun geest en identiteit te veranderen; overtuiging vereist geen isolatie als onderdeel van de methodologie.

Om onze gewenste doelen te bereiken wordt manipulatie toegepast tegen individuele proefpersonen; overreding kan ook op één persoon worden toegepast; grootschalige manipulatie zou echter mogelijk de overtuigingen en beslissingen van hele samenlevingen of zelfs gemeenschappen kunnen veranderen.

Overtuiging kan effectiever zijn in het veranderen van gedachten dan directe manipulatie, omdat het de mogelijkheid heeft om meerdere individuen tegelijk te beïnvloeden.

Talloze mensen maken de fout te geloven dat ze immuun zijn tegen overreding, omdat ze denken dat ze altijd elk verkooppraatje dat op hun pad komt kunnen doorzien en logica kunnen gebruiken om tot een passende conclusie te komen.

Mensen zullen niet altijd bezwijken voor elk argument dat wordt aangevoerd, vooral niet als er gebruik wordt gemaakt van logica. Bovendien kan overreding geen stand houden als een argument niet goed aansluit bij iemands overtuigingen, ondanks hoe sterk de voorstander ervan lijkt te zijn.

Maar er zijn mensen die begrijpen hoe ze overtuigende boodschappen kunnen gebruiken om anderen ervan te overtuigen nieuwe gadgets of producten op de markt te kopen. Hun subtiele overtuigingskracht zal vaak onopgemerkt blijven door het doelwit, waardoor het voor hen moeilijk wordt om een mening te vormen over de informatie die hen wordt verstrekt.

Elke keer dat er sprake is van overreding, is men geneigd dit te associëren met negatieve associaties, zoals oplichters of verkopers die je ervan proberen te overtuigen dat het veranderen van je perspectief hen ten goede zal komen en pushen totdat deze verandering heeft plaatsgevonden.

Overreding kan zowel ten goede als ten kwade worden gebruikt; overreding bij verkoop- en oplichtingspraktijken zijn twee voorbeelden, waarbij overreding in beide richtingen wordt gebruikt; bijvoorbeeld tussen internationale instanties of in campagnes in de publieke dienstverlening waarbij overreding wordt gebruikt als onderdeel van diplomatieke overeenkomsten en campagnes voor goede doelen, die voorbeelden zijn van duistere overreding die respectievelijk effectief en met een positief effect wordt gebruikt. Het komt allemaal neer op de manier waarop dit overtuigingsproces in gang wordt gezet.

Wanneer iemand door middel van overreding van gedachten wil veranderen, zal hij/zij instrumenten en strategieën nodig hebben voor de succesvolle implementatie van overredingstechnieken om daarin te slagen.

Elke dag die voorbijgaat, zal hun doelwit verschillende vormen van overreding presenteren. Het doel van voedselproducenten zal zijn om hun doelgroep ervan te overtuigen hun nieuwe recepten te proberen of door te gaan met oude; studio's kunnen hun nieuwste blockbuster-films rechtstreeks op hen adverteren.

Welk product ze ook verkopen, hun hoofddoel is het verhogen van de omzet; vandaar hun pogingen tot overreding. Hoewel ze niet bedenken welke directe gevolgen dit voor u zal hebben, moeten ze subtiele overredingstechnieken gebruiken om potentiële klanten niet te waarschuwen of van streek te maken. Omdat er ook meerdere merken kunnen zijn die je proberen te overtuigen, moet elk zijn eigen manier vinden om zijn kijkers van zijn standpunt te overtuigen.

Vanwege het verstrekkende effect van overreding worden de technieken ervan al sinds de oudheid bestudeerd. Invloed is van onschatbare waarde en kan door iedereen in veel verschillende omstandigheden en culturen worden benut.

Vanaf het begin van de 20e eeuw begonnen formele studies naar overtuigingstechnieken terrein te winnen. Bedenk dat overreding inhoudt dat je een argument naar voren brengt dat een publiek overtuigt en dat ze deze boodschap accepteren als hun nieuwe manier van leven.
Daarom is er een enorme behoefte aan het ontdekken van effectieve overtuigingstechnieken.

Er zijn drie duistere overredingstechnieken die hun waarde in de loop van de tijd hebben bewezen en we zullen deze in deze sectie bespreken.
Creëer een behoefte
Eén effectieve strategie om iemand ervan te overtuigen zijn standpunt of manier van leven te veranderen, is het creëren of benutten van een behoefte die al bestaat voor dat individu, bij voorkeur op een manier die voor hem aantrekkelijk en wenselijk is. Als deze tactiek effectief en op de juiste manier wordt uitgevoerd, kan deze tactiek groot succes opleveren bij het beoogde doel.

Overtuigers moeten zich richten op wat het belangrijkst is voor hun doelgroep om succesvol te kunnen overtuigen – zoals het vervullen van dromen of het vergroten van het gevoel van eigenwaarde – of het bieden van onderdak, liefde of voedsel.

Deze aanpak werkt altijd goed, omdat er van wordt uitgegaan dat elk onderwerp op de een of andere manier hulp nodig heeft. Met andere woorden: er is niemand in nood die niet droomt en ergens naar streeft in het leven. De overtuiger hoeft alleen maar te vinden manieren waarop ze het slachtoffer kunnen helpen deze dromen sneller en efficiënter te verwezenlijken.

Overtuigers overtuigen hun doelwit er vaak van dat het maken van bepaalde aanpassingen aan hun overtuigingen of perspectief hen zal helpen hun dromen sneller te verwezenlijken, waardoor de kans op succes groter wordt.

Voorbeeld: Een jonge man die op zoek is naar intieme relaties kan een vrouw beloven dat hij haar zal helpen haar cijfers te verbeteren en uiteindelijk hun ouders trots zal maken door een tien te krijgen, maar alleen als zij zijn vriend wordt. Hoewel deze dame misschien gelooft dat het deze jongeman echt kan schelen hoe goed ze academisch presteert, kan het hem in werkelijkheid alleen maar interesseren om dichter bij haar te komen en haar seksueel te engageren - academici zijn slechts een excuus voor meer seksuele ontmoetingen!
Een beroep doen op sociale behoeften
Overtuigers kunnen een andere tactiek gebruiken om te overtuigen: het identificeren van de sociale behoeften van hun doelwit. Hoewel deze techniek misschien geen onmiddellijke resultaten oplevert, blijft ze toch van onschatbare waarde in hun gereedschapskist.

Mensen die affiniteit hebben met mensenmassa's en aandacht zoeken, hebben de neiging zich op natuurlijke wijze naar hen toe te trekken, op zoek naar acceptatie door zich aan te sluiten bij groepen of door specifieke items als statussymbool te hebben die hen het gevoel geven dat ze tot een hogere klasse behoren.

Door in te spelen op hun sociale behoeften slagen veel tv-commercials erin de aankoopbeslissingen van kijkers aan te spreken, zodat ze niets "missen". Wanneer adverteerders de specifieke sociale behoeften van een doelgroep kunnen identificeren en erop kunnen inspelen, kan dit nieuwe interessegebieden voor die specifieke persona openen.
Woorden en afbeeldingen gebruikt als geladen signalen

Bij het overtuigen van iemand zijn woorden van groot belang en moeten ze zorgvuldig worden gekozen, omdat ze allemaal verschillende gevolgen kunnen hebben. Er zijn misschien veel manieren om hetzelfde te zeggen, maar de ene benadering kan krachtiger blijken dan de andere.

Overtuiging vereist dat je weet wanneer en hoe je de juiste woorden op de juiste momenten moet zeggen; Woorden zijn altijd belangrijke communicatiemiddelen en het kennen van de juiste call-to-action-woorden is van cruciaal belang voor succesvolle overtuigingskracht.

Duistere overreding is een van de krachtigste instrumenten van de duistere psychologie, maar wordt toch vaak onderschat en verwaarloosd. Misschien komt dit doordat overreding uniek is als poging tot mindcontrol; in tegenstelling tot de alternatieven die onderwerping afdwingen aan een onwillig doelwit zonder hun deelname; In tegenstelling tot overtuiging blijven doelbeslissingen echter open, met slechts beperkte tussenkomst ervan, soms geïsoleerd om de uitkomsten van het proces te beïnvloeden.

Overtuiging werkt het beste als alle kaarten blootgelegd worden (zij het met verborgen bedoelingen bij duistere overreding), zodat het doelwit de beslissing kan nemen die het beste zijn belangen dient.

Hoewel hersenspoeling kan verwijzen naar het veranderen van de gedachten en overtuigingen van anderen tegen hun wil of zonder hun toestemming, is de werkelijke definitie ervan ruimer; het omvat elke systematische poging tot dwang en overreding die wordt gebruikt om de houding van een individu te veranderen of zijn gedrag te veranderen om zo gedragspatronen en gedragsresultaten te veranderen.

Hersenspoelingstactieken worden al lange tijd toegepast als onderdeel van politieke indoctrinatieprogramma's om mensen hun opvattingen over politiek of religieuze doctrines te laten veranderen, vooral binnen cultische groepen. In de eerste plaats werkt hersenspoeling door de overtuigingen van slachtoffers te vervangen door de overtuigingen die de voorkeur genieten van hun ontvoerder en die passen bij de omgeving waarin ze bestaan.

Hersenspoeling houdt in dat een individu wordt beroofd van alle vrijheid, onafhankelijkheid en beslissingsmacht; iemands dagelijkse gewoonten en gedrag zodanig verstoren dat volledige gehoorzaamheid aan het gezag van zijn/haar ontvoerder in elk aspect vereist is. Hersenspoeling omvat vaak fysieke mishandeling, maar ook bedreigingen met verwondingen of de dood, indien nodig, of levenslange gevangenisstraf voordat nieuwe overtuigingen worden bijgebracht als een aanvaardbaar middel voor een verlicht leven.

Hersenspoeltechnieken zijn erop gericht een kinderlijk vertrouwen tussen slachtoffer en ontvoerder te cultiveren, waarbij slachtoffers worden aangemoedigd om misdaden uit het verleden te bekennen of absurde of triviale fouten te maken uit angst schuldig te lijken voordat anderen zelfs maar de tijd hebben gehad om zelf gehersenspoeld te worden. Als andere ontvoerders ook vóór hen zijn gehersenspoeld, kunnen deze individuen dit proces helpen versterken door kritiek te uiten op en hun ongenoegen te tonen over wat het slachtoffer heeft gedaan of nagelaten te doen in het bijzijn van andere leden van de samenleving.
Zodra de hersenspoeling zijn beslag krijgt, beginnen ontvoerders goedkeuringen en beloningen te ontvangen voor hun daden. BEKIJK DEZE VIDEO VOOR HOE HERSENWASSEN onderdeel kan zijn van de donkere psychologie

Duistere psychologie doet zich voor wanneer iemand hersenspoelingstactieken toepast om een ander tegen zijn wil te beïnvloeden en hem of haar tegen zijn wil te manipuleren of te beïnvloeden. We beschikken allemaal over een vrije wil, wat betekent dat we onze eigen beslissingen moeten nemen, vrijelijk moeten omgaan en moeten kiezen met wie we vrijelijk omgaan; wanneer deze vrijheid door geweld of dwang wordt weggenomen, vormt dit een duistere psychologie.

Mensen in een gewelddadige relatie zijn vatbaar voor hersenspoeling. Een echtgenoot zou zijn vrouw kunnen verbieden om met bepaalde vrienden om te gaan, onder het voorwendsel dat deze een schadelijke invloed zouden hebben - terwijl zij hierover haar eigen beslissing zou moeten nemen naarmate zij ouder wordt. Of erger nog, hun partner dwingen bepaalde soorten kleding niet te dragen en beweren dat dit onaantrekkelijk is, zodat hij deze beter onder controle kan houden.

Leven met een partner die mishandelt, is zowel verwarrend als uitputtend, waardoor het leven voor alle betrokkenen vaak ingewikkelder wordt. Ze zullen je de schuld geven en manipuleren voor dingen waarvoor je nooit verantwoordelijk was; om hun tevredenheid te behouden, kun je vervreemd raken van familie en vrienden, de manier waarop je je kleedt of je politieke opvattingen veranderen; het draait allemaal om hen versus jou.

Er is sprake van een gewelddadige relatie wanneer een partner hersenspoelingstactieken gebruikt om zijn of haar partner te manipuleren en te controleren. Als gevolg hiervan worden ze afhankelijk van hen voor eenvoudige beslissingen, zoals het uitzoeken van het avondeten. Hun leven draait uitsluitend om het gelukkig maken van hun partner, koste wat het kost voor henzelf; en wat liefde inhoudt of hoe het tot uitdrukking moet worden gebracht, wordt uitsluitend door hen bepaald – die vervolgens beslissen wat precies geluk moet zijn ten koste van hen, en omgekeerd. Hun misbruiker is dan verantwoordelijk voor het definiëren van de liefde zoals die via hen tot uiting komt, evenals voor al het verkeerde in het leven van het slachtoffer - van wat verbetering behoeft of zelfs hoe zij dienovereenkomstig moeten handelen en wat passend gedrag inhoudt in overeenstemming met wat hun misbruikende partner definieert. liefde moet worden uitgedrukt en alles over het leven van dat slachtoffer zo worden gedefinieerd - en wat die misbruiker precies wil wat betreft gedrag in overeenstemming met hoe iemand zich zou moeten gedragen en welk gedrag passend zou zijn voor wat precies deze relatie is.

Misbruik kent vele vormen; meestal door emotionele, psychologische en fysieke mishandeling. Eenmaal binnen hun bereik kunnen slachtoffers er vaak niet aan ontsnappen.
Een partner die misbruik maakt, vindt al snel manieren om zijn partner neer te halen met vernederende opmerkingen en beledigingen, om zo hersenspoeling en misbruik in stand te houden. Voor hun eigen psychologische overleving zullen er af en toe periodes zijn waarin hun misbruiker zal stoppen en vriendelijkheid jegens zijn slachtoffer zal tonen – waardoor traumabindingen ontstaan die ervoor zorgen dat het

slachtoffer zijn of haar misbruiker gelukkig wil maken om in ruil daarvoor met warmte en vriendelijkheid behandeld te worden.

Hersenspoeling valt binnen de duistere psychologie, omdat het slachtoffer vast komt te zitten in zijn eigen leven. Een controlerende partner in een relatie kan zijn of haar partner middelen zoals auto's, geld of voedsel onthouden, waardoor hij of zij een gevangene in hun huis wordt, angst bij hen opwekt en de manier verandert waarop zij de wereld om hen heen waarnemen.

De levens van gehersenspoelde slachtoffers worden verteerd door gedachten aan het behagen van hun misbruiker, zelfs zonder dat er fysiek geweld tegen hen wordt gepleegd. Zelfs zonder fysiek misbruik gaat hun leven door in de schaduw van de aanwezigheid van de misbruiker; Als gevolg hiervan komen psychologische effecten zoals angststoornissen en depressie vaak als symptomen naar voren.
Hersenspoelingsproces in het kort

Hersenspoeling is een systematische aanpak gericht op het ontnemen van iemands identiteit, het veranderen van overtuigingen, attitudes en waarden en tegelijkertijd het veranderen van denkprocessen. Manipulators gebruiken verschillende stappen of stadia als instrumenten om hun slachtoffers te hersenspoelen.

Schuld
In een relatie zullen manipulatoren voortdurend argumenten kiezen waarin hun slachtoffers als de overtreders verschijnen, waardoor ze zich schuldig voelen voor elk meningsverschil en ervoor zorgen dat ze zich voor alles schamen - dit is de eerste fase in het hersenspoelen van een persoon.

Zelfverraad
Gedwongen worden om familie en vrienden aan de kaak te stellen, vernietigt iemands zelfgevoel en vergroot tegelijkertijd de schuldgevoelens; deze sensaties dienen om los te komen van hun verleden en tegelijkertijd ruimte te creëren voor het creëren van een nieuwe identiteit.

Breekpunt
Wanneer slachtoffers van fysieke, verbale en psychologische aanvallen het gevoel hebben dat ze zichzelf hebben verraden en zich schuldig voelen, kunnen ze het breekpunt bereiken en emotioneel en psychologisch instorten. Oncontroleerbaar huilen en last hebben van angstaanvallen kunnen tekenen zijn dat er iets in hen is losgebroken; psychologisch zijn ze bang dat ze zichzelf helemaal verliezen en leven ze in constante angst zichzelf helemaal te verliezen.

Net wanneer een slachtoffer zich machteloos over zichzelf voelt, biedt een onderdrukker vriendelijkheid aan als uitstel van de aanval op wie hij/zij is. Op zulke momenten dat er licht opkomt waar er duisternis was, voelen de slachtoffers een diepe dankbaarheid jegens hun aanvallers - een opzettelijke zet van hun misbruikers voordat ze opnieuw tegen hen beginnen.

In een tijd waarin slachtoffers hun misbruiker dankbaar zijn omdat hij hen heeft geholpen in veiligheid te komen, lijkt de zwaardere kant van zijn/haar behandeling vaak groter. Ze hebben misschien het gevoel dat ze iets terug moeten betalen en voelen zich verplicht om zijn vriendelijkheid terug te betalen - vaak door hun waargenomen fouten op te biechten om eventuele schuldgevoelens te verzachten.

Schuldgevoel kanaliseren
Eventuele schuld- en schaamtegevoelens die het slachtoffer ervaart, zullen waarschijnlijk gecompliceerd worden door een toenemende aanval op zijn identiteit, waardoor hij of zij niet meer weet welke acties of beslissingen hen ertoe hebben gebracht te geloven dat ze deze hebben begaan en in plaats daarvan gelooft dat ze de verantwoordelijkheid moet dragen. Zodra de dader merkt dat er schuld in hem zit, gebruiken hij die voor zichzelf, meestal door het slachtoffer ervan te overtuigen dat hij een leven heeft geleid vol slechte beslissingen en ideologieën; wat suggereert dat ze zich in plaats daarvan openstellen voor nieuwe perspectieven om te veranderen.

Logisch onteren Een slachtoffer gelooft vaak dat zijn schuld te maken heeft met ideologieën die van buitenaf zijn opgelegd; Leraren en ideologieën worden het doelwit van verwijten in plaats van dat er manipulatie in het spel is. Bekentenissen worden een manier om schuldgevoelens kwijt te raken, omdat het individu mentaal alle daden die onder deze 'verkeerde' ideologieën worden gedaan, verwerpt – en zich daarmee symbolisch van hen distantieert en daarmee deze percepties van de verkeerde ideologie totaal in diskrediet brengt.

Vooruitgang en harmonie
Het verwerpen van oude ideologieën creëert een kans voor vooruitgang en harmonie, omdat degenen die ertegen zijn nu op zoek moeten naar alternatieve opvattingen om deze te vervangen. Als deze verenigbaar en geschikt lijken voor hun behoeften, versnelt het proces aanzienlijk en komt er vrede voor in de plaats. Op dit punt overheerst kalmte en vervangt elk ongemak.

Als straf worden de gevangenen plotseling als helden behandeld en worden goedhartige individuen geaccepteerd als plaatsvervangers ter vervanging van de zondige ideeën in hun oude ideologie.

Definitieve toelating en wedergeboorte

Zodra ze het schril contrast tegenkwamen tussen de pijn uit het verleden en de toekomstige belofte die hun nieuwe ideologie bood, liet het slachtoffer elke trouw aan de oude ideologie volledig varen door alle resterende geheimen prijs te geven; op dat moment namen ze het volledige eigendom van hun nieuwe ideologie over.

Wedergeboorte verwijst naar dit proces en kan, afhankelijk van iemands ideologie, overgangsrituelen omvatten die iemand volledig in zijn nieuwe orde verzegelen. Dit kan inhouden dat krachtige uitspraken worden gedaan om nieuwe ideologieën te aanvaarden en trouw te zweren aan nieuwe leiders.
Hersenspoeling: onderzoek naar de impact ervan

Hersenspoeling houdt, zoals eerder uitgelegd, in dat iemands denkpatronen, overtuigingen en houdingen worden veranderd om zijn gedrag onder controle te krijgen en er controle over te krijgen. Deze praktijk komt vaak voor ten behoeve van manipulatoren, maar kan verwoestende gevolgen hebben; Er zijn verschillende vormen van impact die hersenspoeling kan hebben, zoals:

Hersenspoeling heeft een verwoestende impact op het zelfrespect van een slachtoffer. Ze hebben het gevoel dat ze niet aan de eisen voldoen en dat niets wat ze doen goed genoeg is, waardoor ze op een pad van zelfmoord of depressie terechtkomen.

Angststoornissen - Iemand die gehersenspoeld wordt, verliest vaak zijn identiteitsgevoel en raakt geïsoleerd van degenen die het dichtst bij hem staan. Gedwongen om te veranderen van wie ze voorheen waren, worden slachtoffers voortdurend bang om niet het verkeerde te doen en kunnen ze angststoornissen ontwikkelen die van invloed zijn op het uiterlijke gedrag.

Depressie - Gehersenspoelde slachtoffers hebben de neiging geïsoleerd te raken van hun dierbaren en de wijdere wereld, waarbij hun focus uitsluitend ligt op het behagen van hun ontvoerder en het ontvangen van de vriendelijkheid die zij in ruil daarvoor aanbieden. Als er niemand is om mee te praten en hun gevoelens door iedereen om hen heen worden genegeerd, kan er een depressie ontstaan, waardoor de relaties met anderen worden belemmerd.

Gebrek aan zelfwaardering - Voortdurend misbruik door hun ontvoerder en kritiek is genoeg om hun slachtoffer te laten geloven dat ze geen waarde hebben en bang zijn om beslissingen te nemen, omdat hen is geleerd dat ze onwaardig zijn.

Leven in angst - Hersenspoelers gebruiken angsttactieken om hun slachtoffers te beïnvloeden, waardoor ze bang worden dat er iets ergs op de loer ligt en dat het leven in het algemeen onveilig en onvriendelijk is. Hun slachtoffer leeft met de voortdurende zorg dat iedereen gevaar zou kunnen opleveren als hij zich naar buiten begeeft, terwijl ontvoerders dreigen met consequenties tegen hun slachtoffer als hij of zij niet doet wat hun ontvoerder verlangt.

Verandering van overtuigingen - het primaire doel van de ontvoerder is om de overtuigingen van hun slachtoffers vorm te geven, zodat ze hun gedrag onder controle kunnen houden en onder de duim kunnen houden. Het maakt niet uit of hun geloof ethisch was; zolang het botste met zijn of haar ideologieën of overtuigingen, was het niet goed genoeg.

Afhankelijk van de bedoelingen van hun ontvoerder of agressor, heeft hersenspoeling verschillende gevolgen voor slachtoffers, afhankelijk van de toepassing ervan. Daarom is het van vitaal belang om alle technieken en trucs te identificeren die door potentiële overtreders worden gebruikt om te voorkomen dat ze ten prooi vallen aan hersenspoelingstechnieken die worden gebruikt door beoefenaars van de Zwarte Psychologie. Hieronder staan een paar van dergelijke technieken die vaak voorkomen bij deelname aan Dark Psychology-sessies.

Hersenspoeling vindt plaats wanneer individuen of groepen achterbakse tactieken gebruiken om anderen tegen hun wil te beïnvloeden en te overtuigen om hun overtuigingen zonder hun toestemming te veranderen, vaak met behulp van psychologische technieken zoals duistere psychologie. Beïnvloedings- en overredingstechnieken die tegen hun wil worden gebruikt, staan ook bekend als hersenspoelingstactieken, omdat het gaat om achterbakse tactieken die door een individu of groep worden gebruikt in een poging een ander te hersenspoelen. Hoewel mensen elke dag overreding ervaren, wordt het, wanneer dit gedwongen verandering zonder toestemming wordt, hersenspoeling en worden er duistere psychologische tactieken tegen hen ingezet. Dit kan een aantal tactieken omvatten die door verschillende partijen tegen hun slachtoffers worden gebruikt, waaronder:

Isolatie - de eerste stap van hersenspoeling houdt meestal in dat het slachtoffer wordt geïsoleerd van familie en vrienden. Door hen volledig te isoleren van de samenleving wil de manipulator dat hun slachtoffer niemand heeft met wie ze kunnen praten over hun manipulatietactieken; anders zou hun autoriteit door derden worden uitgedaagd, waardoor hun tegenstander meer informatie uit verschillende bronnen zou krijgen dan zijzelf.

Aanval op eigenwaarde - Wanneer slachtoffers geïsoleerd zijn, vinden manipulatoren het gemakkelijker om ze af te breken en weer op te bouwen in overeenstemming met zijn verlangens. Om een succesvolle hersenspoeling te laten plaatsvinden, moeten de slachtoffers zich echter eerst minderwaardig voelen ten opzichte van de manipulator, en dit gaat vaak gepaard met spot, intimidatie of bespotting door laatstgenoemde, waardoor het gevoel van eigenwaarde van de slachtoffers die zich volledig kwetsbaar voelen nog verder afneemt voordat ze zelf het slachtoffer worden.

Geestelijk misbruik - Manipulators maken vaak gebruik van psychologische marteling om hun slachtoffers te hersenspoelen, zoals het vertellen van leugens over hen in het bijzijn van anderen om ze dwaas te laten lijken, en het lastigvallen of beroven van hun slachtoffers van elke persoonlijke ruimte, zodat ze zich door hen gevangen voelen .

Fysiek misbruik - Manipulators gebruiken verschillende fysieke methoden om hun slachtoffers te onderwerpen en te beïnvloeden, waaronder het ontzeggen van voedsel of de toegang tot waterbronnen.
Manipulators beroven hun slachtoffers vaak van hun slaap door geweld tegen hen te gebruiken, hen van voedsel te beroven en de kamer koud te houden. Een manipulator kan ook subtiele manieren gebruiken om zijn slachtoffers te hersenspoelen; zoals het hoog houden van het geluidsniveau, het voortdurend flikkeren van lichten of het opzettelijk veranderen van de kamertemperatuur.

Repetitieve muziek - Volgens onderzoeken kan het spelen van repetitieve beats bij mensen een hypnotische toestand veroorzaken. Een manipulator die deze techniek begrijpt, kan deze tactiek tegen zijn slachtoffer gebruiken. Het ritme van de muziek kan het bewustzijn veranderen totdat hun manipulator deze tactiek kan gebruiken en rechtstreeks in je onderbewustzijn kan spreken - waardoor je hersenen onmiddellijk reageren met nieuwe suggesties, waardoor het gedrag automatisch verandert.

Contact is alleen toegestaan met andere gehersenspoelde individuen - De manipulator staat hun slachtoffer alleen toe contact te hebben met andere slachtoffers van zijn/haar manipulatieve campagne, in de hoop op groepsdruk van andere slachtoffers om hun doelwit te overtuigen zijn of haar nieuwe manier van denken te onderwerpen. Slachtoffers voelen zich eenzaam en geïsoleerd en hebben de neiging gehoor te geven aan suggesties van anderen, zodat ze zich geaccepteerd voelen en zich minder alleen voelen.

Wij versus Zij - Wanneer manipulators een Wij en Zij-dynamiek introduceren, lijkt het alsof ze hun slachtoffer de keuze geven tussen henzelf en vermeende vijanden; allemaal in een poging om volledige gehoorzaamheid van hen te verkrijgen. Nadat ze de negatieve aspecten van anderen hebben laten zien, verwachten manipulatoren dat hun slachtoffer zichzelf boven hen verkiest, in plaats van anderen boven zichzelf te verkiezen.

Love Bombing - Met deze tactiek trekt de manipulator het slachtoffer dichterbij door fysieke genegenheid te tonen door aanraking, intieme gedachten uit te wisselen, emotioneel een band op te bouwen en vriendelijkheid te tonen - deze tactiek wordt gebruikt om aan het slachtoffer de bevestiging te tonen dat het aansluiten bij hun groep de juiste beslissing was, waardoor elke genegenheid die ze zouden kunnen voelen voor iemand van buitenaf.

Hersenspoeling dient zelden het grotere goed. De meeste manipulatoren gebruiken dergelijke tactieken om volledige controle over hun slachtoffers te krijgen. Hersenspoeling kan verwoestende gevolgen hebben voor de slachtoffers. Ze verliezen snel elk gevoel van zichzelf en leven om hun ontvoerder te plezieren; eenvoudige dingen die we als vanzelfsprekend beschouwen, zoals kiezen wat en wanneer we dragen, worden daaruit overgenomen; alle beslissingen die ze anders zouden nemen, worden hen ontnomen - dit alles zodat de manipulator zich onwaardig en dankbaar voelt dat ze hun gunst hebben gewonnen.

Stap één in het vermijden van hersenspoeling is je bewust worden van de tactieken die manipulatoren gebruiken en hun eigenschappen, zodat je kunt herkennen wanneer iemand jou of iemand in je omgeving probeert te hersenspoelen. Hersenspoeling is een agressieve vorm van duistere psychologie waarbij een manipulator deze tactieken gebruikt voor persoonlijk gewin, terwijl hij de gevoelens of het welzijn van zijn slachtoffers negeert.

Nu je alle manieren begrijpt waarop anderen jezelf schade hebben berokkend, is het tijd om deze kennis te benutten en ten goede te gebruiken. Wat je in het verleden ook dacht over je hersenen en capaciteiten, je realiseert je nu dat je over een ongelooflijke kracht beschikt die je bij je geboorte hebt gekregen – capaciteiten die wel of niet gemakkelijk kunnen worden gebruikt. Sommigen hebben misschien moeite om grip te krijgen op wie ze werkelijk zijn en wat hun doelen in het leven zijn, en dat is prima; Te hard proberen kan ons denken beperken en nieuwe inzichten verhinderen. Hoe anderen je in het verleden ook hebben laten voelen, hun acties bepalen niet wie je nu bent. Trek lessen uit je geschiedenis en blijf trouw aan wie en waar je vandaan komt. Laat alle pijn die je hebt gevoeld los, zodat je kunt beginnen met genezen en in een positievere richting kunt gaan.

Zorg ervoor dat u voldoende tijd besteedt aan het goed leren kennen van mensen, zonder aannames over hen te doen. Hoe beter u begrijpt wie mensen werkelijk in hun kern zijn, hoe gemakkelijker het voor u zal zijn om een positieve invloed op hen uit te oefenen. Zelfs als je je verloren en verward voelt, kan het graven naar binnen of naar buiten betekenisvollere waarheden aan het licht brengen; als je aannames maakt of mensen te snel een etiket oplegt, zal dat je vermogen tot groei en een beter begrip van de wereld alleen maar beperken.

Communicatie zal van cruciaal belang zijn. Hoewel het eng en uitdagend kan zijn, zal het uitspreken van de waarheid uiteindelijk nuttig zijn bij het efficiënter vinden van oplossingen voor problemen.
Uiteindelijk zal het uitspreken en delen van uw waarheid ervoor zorgen dat u zich veel beter voelt; zowel uzelf als anderen zullen er baat bij hebben te horen wat er in uw gedachten en hart omgaat. Probeer niet op andere manieren te overtuigen dan alleen communiceren. Houd niets achter voor iemand die misschien iets nodig heeft; Door anderen op deze manier te manipuleren kom je niet in de buurt van het bereiken van blijvende verandering, vergeleken met dingen uitpraten via een dialoog en alles doorpraten met een ander individu.

Dit is het moment om alle pijn die je hebt ervaren goed te gebruiken. Alles heeft geleid tot waar je nu bent, de donkerste momenten die eindeloos leken zijn voorbij, en al die keren dat je niets anders wilde dan ontsnappen, hebben je gebracht waar je nu bent. Hoewel u deze ervaringen misschien nooit meer wilt herhalen, moet u leren er dankbaar voor te zijn, want zonder deze ervaringen zou uw toekomst er waarschijnlijk heel anders en minder gunstig voor anderen uitzien.

Dit is het moment om te doen waar u waarschijnlijk het meeste naar verlangt: anderen beïnvloeden! In de huidige samenleving is overreding van cruciaal belang, en als je er niet in slaagt bepaalde individuen te overtuigen, kan dit je ervan weerhouden de dingen te realiseren die je werkelijk verlangt in dit leven. Daarom is het van het allergrootste belang om te weten te komen wie u wilt overtuigen - of dat nu het overtuigen van uw man is dat u klaar bent voor kinderen, of het overtuigen van een heel verkoopteam van 100 leden van het belang van harder pushen om de verkoop te stimuleren; Ze begrijpen begint door kennis te maken met wie ze zijn en hun manier van werken, voordat je ze rechtstreeks benadert en ze persoonlijk uitprobeert!

In dit stadium is het essentieel om eerst inzicht te krijgen in hun achtergrond: leeftijd, genderidentiteit en locatie zijn slechts enkele vragen waar u op moet letten bij het ontwikkelen van overtuigingsstrategieën die aansluiten bij uw interesses. Door dergelijke vragen nauwkeurig te beantwoorden, wordt het vormen van overtuigingsstrategieën veel eenvoudiger.

Bepaalde verschillen zullen in deze situatie een essentiële rol spelen. Het benaderen van je 18-jarige vriend voor €20 verschilt bijvoorbeeld aanzienlijk van het vragen van hetzelfde aan je 80-jarige grootmoeder. Om mensen effectief te overtuigen, is het van cruciaal belang dat u zowel begrijpt wat hen in het algemeen kenmerkt als wat hun unieke individuele kenmerken zijn, zoals die waaruit hun persoonlijkheidskenmerken bestaan.

Zodra u hun interesses begrijpt en begrijpt wat hen gelukkig maakt, zou de volgende stap moeten zijn om te beoordelen wat de verkoop indien nodig zou stimuleren, zoals kortingen, gratis geschenken of andere beloningen als u klant bent.
Als je eenmaal hun voorkeuren en antipathieën begrijpt, zou de volgende stap het identificeren van de dingen moeten zijn die ze niet leuk vinden - zoals lange retourtijden na aankoop van iets, verborgen kosten of het niet kunnen aanpassen van hun producten. Eenmaal geïdentificeerd, wordt het eenvoudig om dienovereenkomstig te handelen; als iets hen beledigt, bied dan iets wat ze leuk vinden als oplossing; Hoewel dit vanzelfsprekend lijkt, zullen velen die proberen anderen te beïnvloeden deze stap over het hoofd zien.

Zorg er ten slotte voor dat u rekening houdt met de manier waarop anderen communiceren. Door deze dynamiek te begrijpen, wordt het veel eenvoudiger om ervoor te zorgen dat u de zaken op dezelfde manier met hen uitdrukt. Luister altijd naar wat de ander zegt en bied hem/haar een platform om te spreken. Let niet alleen op de woorden die ze gebruiken, maar ook op hun gezicht terwijl ze informatie met je delen. Als iemand het gevoel heeft dat hij genegeerd wordt, kan hij zich afwenden en op de lange termijn veel minder snel overtuigd worden. In de volgende paragraaf

wordt dit onderwerp verder onderzocht en hoe je het beste gezonde interacties in het leven kunt bevorderen.
De basisbeginselen van communicatie begrijpen

Communicatie kan voor ons allemaal een uitdaging zijn. Op het eerste gezicht lijkt het misschien moeiteloos – doe gewoon je mond open en begin te praten – maar velen hebben moeite om in woorden uit te drukken hoe ze zich voelen, ook al ervaren ze het misschien zelf. Maar hoe effectiever de communicatie in het leven wordt, hoe gemakkelijker het leven zal worden en hoe gelukkiger de daaruit voortvloeiende resultaten zullen zijn.

Om uw communicatieve vaardigheden te verbeteren, moet u er rekening mee houden dat het verbeteren ervan oefening vereist. Er bestaat geen magische pil of een geheime manier om onmiddellijk beter te worden. Om beter te worden, moet je voortdurend met andere mensen communiceren door middel van gesprekken. Of het nu gaat om barista's in coffeeshops of vreemden bij bushaltes, het is het beste om kleine gesprekken te beginnen als je begint. Maar als je andere mensen er niet mee lastig valt, zoek dan gewoon naar manieren waarop je je stem kunt verwoorden, verder dan de standaard 'hoe gaat het?'.

Zorg ervoor dat u uw gevoelens effectief naar uzelf communiceert. Zelfs als we alleen zijn, zijn onze emoties soms nog steeds niet helemaal logisch voor ons. Begin indien nodig dagelijks met het bijhouden van uw emoties; Hoe beter u ze zelf kunt uitwerken door de emoties die zich voordoen op te schrijven, des te gemakkelijker het zal zijn om ze zelf te beheren en ze effectief met anderen te delen.

Wanneer u anderen begint te overtuigen, wees dan op uw hoede voor uw woorden. Dwing niemand om iets te doen en plaats hem/haar niet in situaties waarin hij of zij zich machteloos voelt om zichzelf tegen te houden. Vermijd uitspraken als 'Je moet dit doen'. Niemand vindt het leuk om te horen wat hij moet doen!
Eerst over jezelf praten lijkt misschien contra-intuïtief, maar mensen zullen positiever reageren door voorbeelden op te pikken in plaats van je hun gedrag rechtstreeks te horen dicteren. Stel dat u uw partner ervan wilt overtuigen om eerder op te staan, om zo de stress als gevolg van het elke ochtend te laat komen te verminderen; in plaats van iets te zeggen als: 'Je zou eerder moeten opstaan', zou je in plaats daarvan kunnen zeggen: 'Door eerder te beginnen, heb ik ontdekt dat door minder stress te hebben tijdens het woon-werkverkeer in de ochtend en eerder op te staan, het stressniveau voor mezelf aanzienlijk is verlaagd en de stress bij mij is verminderd. mijn ochtendstressor vóór het werk!"

Anderen laten geloven dat jouw idee van hen is, zorgt voor een grotere geloofwaardigheid van de overtuigingskracht; mensen hebben graag het gevoel dat ze het zelf hebben bedacht, in plaats van gedwongen te worden iets tegen hun wil te accepteren. Laat ze er zelf doorheen werken, zodat ze zelf de voor- en nadelen ervan kunnen beoordelen. Op deze manier creëer je een effectievere overtuigingskracht in plaats van dat je ze iets opdringt.

Let hierna extra goed op zowel uw toon als uw lichaamstaal, en creëer een omgeving waarin ze zich op hun gemak voelen als ze bij u in de buurt zijn. Door vriendelijkheid, liefde en mededogen te tonen, kunnen ze beter met je omgaan; voel je niet onder druk gezet om rigide en harde communicatiestrategieën te hanteren, alleen maar zodat mensen zullen doen wat je wilt - probeer in plaats daarvan vriendelijk en zachtaardig te zijn, dan zullen ze beter reageren!

Zorg er ten slotte voor dat u degenen die u probeert te beïnvloeden, met respect behandelt. Zorg ervoor dat ze zich bij jou niet schamen of in verlegenheid brengen als ze iets doms zeggen; bouw ze in plaats daarvan op en in ruil daarvoor zullen ze dit soort vriendelijkheid beantwoorden.
Hoe je negatieve manipulatie omzet in positieve overtuiging

Nu zou je een expert moeten zijn op het gebied van psychologie op basisniveau! Alles begint in onze geest en manifesteert zich voor ieder individu anders. Om echt te bereiken wat je in dit leven verlangt, is het van cruciaal belang dat je begint te leren over andere mensen en hoe hun hersenen werken; Anders riskeert u op termijn onherstelbare schade te lijden.

Neem alle manipulatieve technieken die je in het verleden hebt geleerd en gebruik ze nu voorgoed. Leer van uw negatieve ervaringen, zodat u ze kunt gebruiken als leerervaringen over hoe u anderen niet moet behandelen. Om negatieve manipulatie om te zetten in positieve overreding, begin je met het hebben van goede bedoelingen achter datgene waar je wilt dat anderen mee instemmen; iets dat voor beide partijen voordelig is, zou het einddoel moeten zijn van elke onderhandeling tussen jullie beiden. Luister aandachtig wanneer u met andere personen spreekt over hun behoeften, zodat u tot een overeenkomst kunt komen waarbij beiden in ruil daarvoor positieve voordelen kunnen krijgen van beide betrokken partijen. Op deze manier winnen beide partijen in één keer in termen van positieve voordelen!

Zorg ervoor dat u prioriteit geeft aan het voldoen aan de behoeften van anderen boven die van uzelf. Natuurlijk is het belangrijk om eerst voor jezelf te zorgen, maar als je je niet bewust bent van hoe anderen zich voelen, zal dat op de lange termijn niemand goed doen.

Influencers zijn leiders. Als u goede ideeën heeft die u aan andere mensen wilt overbrengen en wilt dat zij profijt trekken van wat u weet, is het absoluut noodzakelijk dat u positieve leiderschapskwaliteiten ontwikkelt en aanscherpt.

Anderen mogen niet alleen als instrumenten van u worden gezien. Anderen kunnen helpen, maar jij moet hen ook helpen. Een groot leider weet hoe hij anderen moet motiveren zonder hun wil op te dringen; met andere woorden, er iets nuttigs voor teruggeven. Ook al vindt u misschien iemand die bereid is u te helpen uw dromen waar te maken, moet u er rekening mee houden dat dit geen kosten of voordelen voor hemzelf of voor u met zich meebrengt.
Je overtuigingen moeten ook deel uitmaken van deze reis als je iets belangrijks in het leven wilt bereiken. Stem jezelf af en centreer ze rond dit systeem, en je succes is zeker!

Zorg ervoor dat u een inclusieve taal gebruikt wanneer u met anderen spreekt, waarbij u de 'wij'-taal gebruikt en daarbij vertrouwen uitstraalt. Ze zullen waarschijnlijk meer aandacht besteden als ze zelf deel uitmaken van dit proces.

In deze fase van je ontwikkeling is het belangrijkste onderdeel het hebben van een groeimindset. Het beperken van onze gedachten leidt ertoe dat we minder potentieel in het leven realiseren. Blijf dus op de hoogte van onderzoeken met betrekking tot overreding, manipulatie en psychologie in het algemeen en abonneer u op nieuwsbrieven of tijdschriften over het menselijk brein om een dieper inzicht te krijgen in zijn werking.

Check regelmatig uw gezondheid. Als u niet voor alle aspecten van uzelf zorgt, kan het functioneren van uw geest ernstig in gevaar komen naarmate we ouder worden. Dit is dus het moment om ervoor te zorgen dat we onze geest dienovereenkomstig voorbereiden. Oefen met het behouden van een open perspectief en goed luisteren tijdens de communicatie met anderen; blijf leren, want hoe meer kennis je vergaart, hoe meer er nog te ontdekken valt.

Gebruik ook nooit agressie en overreding. Hoewel angst ervoor kan zorgen dat mensen tijdelijk doen wat jij wilt, mag respect op de lange termijn nooit alleen met angstaanjagende methoden worden verkregen. Toon uw medeleven en begrijp anderen beter, zodat zij aandachtiger zullen luisteren wanneer zij vertellen wat hen bezighoudt.

Bij het analyseren van een andere persoon is lichaamstaal van cruciaal belang. Zijn ze lang of hangen ze om? Het observeren van iemands ogen, gezicht en armen kan veel onthullen over wie hij of zij werkelijk is. Je zou bijvoorbeeld kunnen opmerken dat iemand die zelfverzekerd lijkt, in werkelijkheid last kan hebben van angst als je begint op te letten. Je zou ook kunnen ontdekken dat iemand die je vertrouwde, tegen je loog!

Uitvinden wat iemand van anderen onderscheidt en begrijpen waarom iemand zich op een bepaalde manier gedraagt, kan lastig zijn, maar uiteindelijk zul je meer inzicht krijgen in waarom iemand zich zo gedraagt. Hoewel geen twee mensen ooit volledig zullen worden begrepen, kun je op zijn minst een glimp opvangen van waarom sommigen zich gedragen zoals ze doen.

Zodra u iemand met succes kunt analyseren, zou de volgende stap het overtuigen van uw standpunten of eisen moeten zijn. Overtuiging is de sleutel als je probeert te krijgen wat je wilt van het leven, of op zijn minst verdient van anderen; Zoals we in boek één hebben besproken, helpt lezen niets zonder dat er actie wordt ondernomen. Ook al kan het in eerste instantie intimiderend zijn om je bewust te worden van jezelf, deze stap is essentieel om je bewust te worden van anderen om je heen en om effectieve communicatoren te worden.

Mensen volgen anderen vaak blindelings zonder ooit dieper in zichzelf te duiken en hun gedachten uit te dagen en een eerlijke poging te doen om dit te doen. Hoewel dit op het eerste gezicht een uitdaging kan zijn, is het van cruciaal belang dat we onze psyche verkennen om een gelukkiger en gezonder leven te leiden.

Herinner jezelf eraan dat het nog steeds gezond en normaal is om anderen je te laten beïnvloeden! Denk eens aan alle grote leiders over de hele wereld die anderen misschien hebben geïnspireerd door positieve passie en motivatie te inspireren bij degenen die zij leiden - velen hebben precies dit met jou in gedachten gedaan!
Het is niemand kwalijk te nemen als zij bezwijken voor de invloed van anderen; wat nu een verschil zal maken, is of die invloed komt in de vorm van positieve en opbeurende inspiratie in plaats van manipulatie van iemand die jou kwaad wil doen.

Terwijl u door het leven navigeert, moet u dit als een belangrijk doel in gedachten houden: gebruik uw hersenen altijd voor het goede! Hoewel dit soms een uitdaging kan zijn, is dit altijd de betere oplossing. Zelfs als u gemakkelijk door iemand anders kunt worden gemanipuleerd, moet u geen misbruik maken van dergelijke mogelijkheden om iemand te manipuleren. Hoewel dit misschien hun schuld lijkt omdat ze zich niet bewuster zijn, mag je dit nooit aannemen; Sommige mensen hebben dingen meegemaakt die het moeilijker hebben gemaakt om los te komen van oude patronen en om gezondere oplossingen te vinden om met emoties en gedachten om te gaan.

Help altijd anderen en doe hen geen kwaad. Zelfs degenen die u in het verleden misschien onrecht hebben aangedaan, mogen geen doelwit van uw woede worden; gebruik je intelligentie ten goede en help de wereld een betere plek te maken met een gezonde invloed, en je zult snel ontdekken dat alles wat je ooit hebt gewenst op je pad zal komen.

Iedereen bereikt succes. Begin met het brein

Een individuele analysator of lezer kan de persoonlijkheid van een individu snel ontcijferen aan de hand van verschillende kenmerken, inclusief wat hij of zij in zijn vrije tijd doet. Door bijvoorbeeld deel te nemen aan gemeenschapsacties, vrijwilligerswerk en het bijdragen aan kerkelijke initiatieven kan blijken dat deze filantropisch zijn. Aan de andere kant kan eindeloos feesten of televisie kijken duiden op een lage ambitie en onmiddellijke bevrediging; zelfs ogenschijnlijk triviale gewoonten onthullen veel over wie mensen werkelijk zijn.
Hoe psychologie ons leven beïnvloedt

Psychologen zijn het er niet over eens of ons gedrag uitsluitend wordt bepaald door genetica of erfelijkheid; Anderen beschouwen onze ervaringen sinds de geboorte als een belangrijke factor. Anderen zijn van mening dat onze directe omgeving of ervaringen ons gedrag bepalen. Als iemand bijvoorbeeld voortdurend wordt misbruikt, kan zijn of haar gedrag als gevolg daarvan veranderen. Als een persoon bijvoorbeeld voortdurend misbruik ondergaat, kan zijn gedrag dienovereenkomstig veranderen;
Naarmate ze opgroeien en marginalisering en racisme ervaren vanwege hun klasse of ras, kunnen ze rijkere mensen of ogenschijnlijk superieure rassen gaan verachten, terwijl ze sympathiseren met de onderdrukten.

Op dezelfde manier kunnen kinderen die als kind aanhoudend gepest, misbruik of slachtoffer worden, zelf ook pesters worden. Hun visie, waarden, persoonlijkheid en houding zullen waarschijnlijk gevormd zijn door zulke vroege ervaringen van geweld en misbruik in hun vroege leven.

Ben je mensen tegengekomen die hun persoonlijkheid willen lezen via sterrenbeelden of astrologie? Is dit niet indicatief voor een laag zelfbewustzijn en begrip? Mensen hebben bijvoorbeeld de neiging zich te richten op dingen waar ze veel van missen; Iemand die in de vroege kinderjaren of tienerjaren geen adequate ouderlijke aandacht heeft, kan op volwassen leeftijd iemand worden die van drama en aandachtzoekende strategieën houdt, en in de loop van de tijd misschien steeds dramatischer en opzichtiger worden.

Mensenanalyzers moeten alert blijven op subtiele aanwijzingen die kunnen verraden wie de persoon werkelijk is. Er zijn genoeg borden om ons heen te vinden; het enige wat je als analist hoeft te doen, is opletten.
Wij

Onze geest kan worden onderverdeeld in drie verschillende lagen: bewuste geest, onderbewustzijn en onbewuste geest. Terwijl bewust gewaarzijn gedachten, handelingen, lessen en ervaringen omvat die alleen voortkomen uit bewust gewaarzijn, zijn onderbewuste en onbewuste geesten gebieden binnen de geest die informatie kunnen bevatten waarvan we ons niet realiseren dat deze aanwezig is; door bewust bewustzijn van de geest worden we ons bewust van alle percepties, gevoelens, concepten of ideeën die we uit onze directe omgeving verzamelen en die anders misschien ongezien of onbekend voor ons zouden blijven.

Als het echter om onze onderbewuste en onbewuste geest gaat, hebben we doorgaans een zeer beperkt bewustzijn van al hun gedachten, ideeën, concepten en informatie die daar zijn opgeslagen. Onze bewuste geest laat slechts een deel van zijn complexiteit zien; er zitten meerdere lagen onder het oppervlak die onze persoonlijkheid en ons gedrag beïnvloeden zonder dat we ons ervan bewust zijn.

Begin bij jezelf als je een effectieve people-analist wilt worden. Beoordeel hoeveel u weet of hoe goed u uzelf of uw eigen persoonlijkheid of gedragspatronen begrijpt, inclusief eventuele triggers die uw gedrag aansturen. Welke overtuigingen, angsten, motivatoren of waarden kunnen dergelijk gedrag aansturen?

Zodra u uzelf en de verschillende persoonlijkheden en gedragingen begrijpt, kunt u beginnen met het verkennen van die van goede vrienden en familieleden. Nadat deze stap is voltooid, probeert u vreemden te begrijpen, zoals degenen die u ziet tijdens het wachten in doktersklinieken of op luchthavens, evenals mensen die u voor het eerst ontmoet op feestjes of tijdens dagelijkse interacties - blijf deze vaardigheid oefenen totdat het vanzelf gaat en u kunt lezen mensen snel en effectief als een expert!

Emoties en menselijk gedrag

Emoties zijn vluchtige ervaringen die we hebben als onderdeel van mentale activiteit. Hoewel emoties in eerste instantie misschien rationeel of logisch lijken, blijven onze reacties soms emotioneel ondanks bewijs dat de vriend(in) wordt bedreigd of beschuldigd. Bijvoorbeeld zelfs als ze bewijs krijgen van wangedrag van hun kant. Zelfs als iemand ons achter onze rug om verraadt, blijven we loyaal en vertrouwen we hem meer.

Als mensen hebben we de neiging om impulsief te handelen in plaats van te redeneren. Het gedrag van mensen wordt sterk beïnvloed door emoties. Als we ze begrijpen, kunnen we hun acties, persoonlijkheidskenmerken en gedragspatronen begrijpen en voorspellen. Psychologische theorieën

Klassieke conditionering is een wijdverbreide psychologische theorie waarin individuen leren door bepaald gedrag te associëren met beloningen of bekrachtigers, zoals lekkernijen. Hetzelfde principe wordt vaak toegepast bij het trainen van dieren - bijvoorbeeld wanneer u uw hond beloont met iets lekkers telkens wanneer hij een bal ophaalt! Het apporteren wordt onvermijdelijk geassocieerd met lekkernijen voor uw huisdier; uiteindelijk leert het dat apporteren noodzakelijk is als hij iets lekkers wil!

Klassieke conditionering speelt een grote rol in ons leven als mens. Vanaf de geboorte associëren we huilen met gevoed en schoongehouden worden; consequent studeren om goede cijfers te halen op school. Klassieke conditionering beïnvloedt elk aspect van het leven: baby's leren dat huilen betekent dat ze gevoed of schoongemaakt worden; Studenten ontdekken dat ijverig studeren goede cijfers oplevert. Daarom blijft klassieke conditionering gedurende het hele leven van invloed: als individu leren we hoe we op bepaalde manieren op bepaalde stimuli moeten reageren – wat een van de belangrijkste determinanten vormt als het gaat om gedragsanalyse.

Menselijk gedrag en fysiologie.

Uit onderzoek blijkt dat mensen specifieke fysieke reacties op prikkels vertonen, die als indicatoren kunnen worden gebruikt bij het analyseren ervan. Criminele psychologen maken vaak gebruik van dit principe bij het begrijpen van de criminele psychologie en wat criminelen motiveert om misdaden te plegen; met biometrische technologie proberen onderzoekers vast te stellen of verdachte gedachten overeenkomen met acties.

De combinatie van psychologische en fysiologische technieken zijn krachtige hulpmiddelen om de motivaties voor menselijk gedrag bloot te leggen. Onze lichamen vertonen specifieke fysiologische reacties wanneer iemand zich bezighoudt met bedrog of leugens, zoals verwijde pupillen, transpiratie of andere aanwijzingen dat hij/zij zou kunnen misleiden of liegen.
De hartslag neemt toe, de hartkloppingen nemen toe, het zweten neemt toe en het trillen van de tenen komt vaker voor als u zich bedreigd of ongemakkelijk voelt. Het analyseren van mensen aan de hand van fysiologische of non-verbale aanwijzingen kan een nauwkeurigere analyse opleveren; Maar zoals bij alle vormen van analyse kan het nooit 100% betrouwbaar zijn.

Niet alle vormen van communicatie hebben echter het vermogen om mensen te overtuigen, aangezien sommige eenvoudigweg dienen om te entertainen of informatie te verstrekken. Overreding kan ook worden gebruikt als een onsmakelijk middel om anderen te manipuleren; anderen proberen te overtuigen kan zelfs als weerzinwekkend gedrag worden beschouwd. Overtuiging moet worden onderscheiden van communicatie, aangezien de oorzaak ervan aanleiding geeft tot veranderingen in gedragsveranderingen als gevolg of reactie.

Hier zullen we de stadia onderzoeken die iemand doorloopt als hij wordt overtuigd. Ten eerste is er communicatie waarbij de ontvanger aandacht besteedt aan de aangeboden inhoud. Hij of zij zal dan proberen alle aspecten van de communicatie als geheel te begrijpen, inclusief het proberen te begrijpen wat de spreker probeert over te brengen. Dit houdt onder meer in dat u begrijpt welke conclusies de spreker voorstelt, evenals al het bewijs dat deze conclusie kan ondersteunen. Overreding vindt plaats wanneer een individu accepteert of ermee instemt wat er wordt aangeboden en die interesse lang genoeg vasthoudt om ernaar te handelen. Het primaire doel van overreding is dat een individu of een groep mensen een nieuwe houding aanneemt, zoals het veranderen van graanmerk als gevolg van nieuwe gepresenteerde informatie of het veranderen van religieuze overtuigingen.
Conditioneringstheorieën Conditionering is een van de belangrijkste concepten bij overreding. Conditionering probeert iemand op eigen kracht ergens van te overtuigen in plaats van directe instructies te geven, zoals gehoorzaamheid.

Conditionering wordt op grote schaal door adverteerders in advertenties gebruikt om positieve associaties tussen hun merk of logo en positieve emoties te genereren. Bedrijven nemen hun toevlucht tot reclamespots die kijkers aanmoedigen om te lachen, zich sentimenteel te voelen of vrolijke muziek en beelden te gebruiken; Zodra deze reclamespots zijn afgelopen, onthullen ze het merklogo in de hoop dat deze emoties verband houden met hun product of dienst.
Inentingstheorie De inentingstheorie is vaak terug te vinden in vergelijkende advertenties. Volgens dit concept heeft de ene partij zwakke argumenten die ervoor kunnen zorgen dat hun geloofwaardigheid wordt verminderd, waardoor hun publiek in plaats daarvan de superieure argumenten van een andere partij zal kiezen.
Transporttheorie vertellen.

De narratieve transporttheorie stelt dat de houding van mensen kan veranderen als ze zich in verhalen verdiepen. Het probeert de overtuigingskracht van verhalen aan te tonen door uit te leggen wanneer individuen narratieve transport kunnen ervaren als gevolg van het voldoen aan verschillende randvoorwaarden; bovendien vindt narratieve transport plaats bij het luisteren naar verhalen die bepaalde gevoelens oproepen, zoals empathie voor de karakters.
Uittreksel uit: "Hoe mensen en lichaamstaal te analyseren voor beginners. Inzicht verkrijgen in lichaams- en hersengeheimen om buitengewone communicatieve vaardigheden te verwerven Mindset NLP."

HET EINDE